U0461013

孩子总撒谎，妈妈怎么办

·亲亲宝贝 ·著·

江西人民出版社
Jiangxi People's Publishing House
全国百佳出版社

图书在版编目（CIP）数据

孩子总撒谎，妈妈怎么办 / 亲亲宝贝著 -- 南昌：
江西人民出版社，2018.8
ISBN 978-7-210-10369-1

Ⅰ．①孩… Ⅱ．①亲… Ⅲ．①家庭教育 Ⅳ．①G78

中国版本图书馆CIP数据核字（2018）第085815号

孩子总撒谎，妈妈怎么办

亲亲宝贝 / 著

责任编辑 / 辛康南

出版发行 / 江西人民出版社

印刷 / 大厂回族自治县彩虹印刷有限公司

版次 / 2018年8月第1版

2018年8月第1次印刷

880毫米×1230毫米　1/32　7.5印张

字数 / 130千字

ISBN 978-7-210-10369-1

定价 / 42.00元

赣版权登字-01-2018-324

如有质量问题，请寄回印厂调换。联系电话：0316-8863998

序

查尔斯·福特在《说谎：你不知道的一切》一书中曾说："如果我们都像童话中的匹诺曹那样，每说一个谎话鼻子就长一截，那么街上走的人绝大部分都将拖着一个大象一样的长鼻子。"

童话故事里的匹诺曹每次说谎，鼻子就会变长，所以匹诺曹每次说谎，他身边的人都会立刻察觉。而在现实生活中，作为妈妈的你会发现，那个纯洁的宝贝某一天忽然变成了童话里的匹诺曹：明明刚才看了电视，却硬说没有；明明不小心把花瓶打碎了，却说是小猫弄的；明明嘴角还沾着奶油，却说没有吃雪糕；明明没有去过动物园，却说在动物园里看到了会飞的大象……对此，你不禁要问，为什么孩子总撒谎呢？

其实，孩子撒谎是其成长过程中的一种正常现象，孩子撒谎有其认知和思维方式发展不完善的原因，也有来自家长无意识的榜样或是不当的教育方式的影响。为此，面对孩子总撒谎的问题，首先家长应该对孩子的撒谎行为有一个正确、清晰的认识，不仅要看到孩子撒谎行为的本质，即孩子撒谎是其心理发展和智力发育必然出现的一种反映，还要看到孩子撒谎行为中积极的一面，比如孩子在撒谎过程中表现出的强大的语言组织能力、想象力和创造力等等。唯有有了这样的认识，家长才不会轻易给孩子扣上"小骗子"的帽子。

言出必有因，孩子的谎言背后定隐藏着诸多缘由，比如为了避免受到惩罚，为了得到想要的东西，为了得到表扬，等等，家长应该具体问题具体分析，找到孩子撒谎的根源，然后对症下药，这样才能有效改正孩子撒谎的坏毛病。当然，作为家长，也应该从自己身上找原因，因为毕竟很多孩子撒谎其实是对大人行为的模仿。

怎么管教撒谎的孩子一直是让大人头疼的问题，说得太轻，没有效力，说得太重又怕伤害到孩子。当然也有一些家长无所顾忌，只要发现孩子撒谎就是一顿训斥，甚至是一顿责罚、打骂，我们想说的是这种打骂式的教育已经适应不了时代的潮流，并且现在的孩子更需要去正面管教。因此，我们在教育撒谎的孩子的时候，有必要掌握一些有效的纠错方法，给孩子以正面教育和引导。

另外，你也可以在生活中对孩子进行道德教育，让孩子学会信守承诺，学会为自己的行为负责，逐渐培养孩子诚实守信的品质，这样在道德意识的约束下，孩子也能减少自己的撒谎行为。

宽容的父母，更容易得到孩子的信任，当发现孩子做错事时，不要一上来就指责、埋怨，甚至打骂，而是应该学会善待撒谎的孩子，不要当面戳穿孩子的谎言，试着给孩子一个解释的机会。总之，面对撒谎的孩子，家长要多一些爱与宽容。

至此，希望看完本书的所有家长都能对孩子的撒谎问题有一个全新的认识，并且能借助本书中的一些技巧和方法轻松应对孩子的撒谎问题，给撒谎的孩子以指导和帮助，让孩子从错误中收获智慧，茁壮成长。

目录

第三章

以身作则，为孩子树立不撒谎的榜样

第四章

恰当引导，给撒谎的孩子以正面教育

第五章

智慧纠错，及时纠正孩子的撒谎行为

第六章

理解和沟通，打开心扉和孩子做朋友

哪个孩子不撒谎，正确看待孩子的撒谎行为

　　当满嘴沾着巧克力渍的孩子跟你说"妈妈，我没吃"的时候，你会是什么反应？不管是哪种反应，你在潜意识里都会这样想：他怎么撒谎了？那么，孩子为什么撒谎呢？孩子撒谎是品质不好的表现吗？如果你也有类似这样的疑问，那么首章内容将会告诉你如何正确认识孩子的撒谎行为。

说谎是孩子成长过程中的必经历程

世上没有"撒谎的孩子"和"不撒谎的孩子"之分,我们可以很肯定地说,每一个孩子都撒过谎,而且对于孩子来说,撒谎是其成长过程中必经的体验,也是其智力成长的重要步骤之一。因此,面对撒谎的孩子,首先要对孩子的撒谎行为有一个正确的认识。

假哭&假笑

润润六个月大的时候,妈妈发现润润学会了一项本领——假哭和假笑。有一次,妈妈在忙着做家务,润润趴在床上自己玩耍,突然,润润哭了起来,妈妈以为润润是渴了或是饿了,急忙拿着奶瓶过去,结果小家伙看到妈妈来了,"咯咯咯"地笑起来,显然妈妈被这个小人儿骗了。

妈妈继续去做家务,可是润润又哭起来,这一次哭得更大声,妈妈以为润润这次是真的需要妈妈了,于是赶紧放下手里的活去照看润润，结果润润哪有在哭，小眼睛笑眯眯的，张着嘴在假装哭，看到妈妈来了，润润马上不"哭"了，露出两个小酒窝看着妈妈。妈妈不知道为什么润润会这样。

三只小狗

润润逐渐学会说话、走路，转眼间她已经3岁了。一次，妈妈带着润润在小区里玩耍，碰到一个小朋友带着一只宠物小狗散步，润润很喜欢小狗，就过去和小朋友一块玩耍。不料，妈妈听到润润这样说："我家有三只小狗呢，一只白色的，一只黑色的，还有一只是棕色的，可可爱啦！"妈妈一个趔趄，这孩子怎么撒谎呢？自己家里根本没养小狗啊！

小猫惹的祸

润润现在上小学一年级，最近妈妈发现润润总是撒谎，特别是昨天，妈妈回家的时候看到鱼缸翻在了地上，地板上到处都是水，一条条小金鱼在地上扑腾扑腾地挣扎，润润正在手忙脚乱地收拾玻璃碎片。看到这幅场景，妈妈生气地问："润润，这是怎么回事？"润润有点慌张，吞吞吐吐地说："是小猫撞坏的！""小猫好大的力气哟！"妈妈知道润润在撒谎，十分生气。

妈妈的释疑站

相信作为妈妈的你也有类似的体验，确实，谁家的孩子不撒谎呢？17世纪英国哲学家、教育学家洛克就说过："说谎这一现象在形形色色的人中间都普遍存在着。"当然，这形形色色的人也包括孩子，并且孩子的撒谎现象伴随着孩子成长的整个过程。

英国朴次茅斯大学的一位心理学教授经过研究发现，孩子在婴儿时期就学会了"撒谎"（当然，这里的撒谎与真正意义上的撒谎相差甚远），因此，他认为："假哭是最早出现的欺骗方法之一。"于是我们看到六个月的润润用假哭来"骗"妈妈，引起妈妈的注意。

而据加拿大多伦多大学儿童心理研究中心所得出的结论可知，大约20%的孩子在2岁时会说谎，到3岁时这一比例达到50%，4岁时接近90%，而到12岁时达到顶峰。由此看来，说谎确实是孩子成长过程中的一种正常现象，是孩子成长过程中必经的历程。

妈妈的智慧锦囊

每一个孩子都会撒谎，而且在不同的年龄段，孩子撒谎的原因和水平也不尽相同。比如我们看到3岁的润润谎称自己家里有三只小狗，可能是出于炫耀心理，也可能是孩子不能很好地区分想象和现实，而在润润一年级的时候，因打翻鱼缸而撒谎，明显是为了逃避责任，怕妈妈责罚自己。

并且，孩子撒谎具有阶段性的特点，简单来说就是孩子在某个特定的时间段特别喜欢撒谎，而过了这段时间，孩子的谎言会减少，但是在某种情况下，孩子仍然可能撒谎。

　　因此，对于孩子的撒谎行为，家长应该认识到，这是一个相对较长的过程，既要学会适当重视，也不要弄得过于紧张，只要找到孩子撒谎的原因，看到孩子撒谎背后隐藏的问题，从症结入手，对症下药，孩子的撒谎问题就不再是困扰家长的难题。

孩子说谎并不等于品质不好

一位具有30多年处理儿童问题工作经验的教育专家曾坦言："不要把说谎当作一个道德问题，它是孩子使用的一种不怎么有效的解决问题的方式。父母要做的是，指出孩子这样处理是无效的，教他们怎么处理才更有效。"

这就告诉我们不要轻易把孩子说谎与道德品行联系起来，但也不要忽略孩子的撒谎问题，而是应该找到孩子说谎的原因，然后提出建议，帮助孩子解决问题。

妈妈，爸爸打我

周末，妈妈在打扫房间，陪依依玩耍的重任就落到了爸爸身上。父女俩一会儿堆积木，一会儿画画，玩得不亦乐乎。

"爸爸，我们来玩大灰狼捉小白兔的游戏吧，您当大灰狼，我当小白兔。"依依提议。

"好，大灰狼来喽。"爸爸做出一个凶恶的表情。

依依尖叫着跑开了，爸爸在后面一跳一跳地追，每次快要抓住依依的时候，爸爸都会故意压低声音说："小白兔，我要来吃你了！"依依吓得赶紧三步并做两步小跑，还边跑边喊："你这个大坏蛋，抓不到我！"

突然"砰"的一声，紧接着依依"哇"地哭了起来，笨手笨脚的爸爸傻了眼，正在洗衣服的妈妈吓了一跳，两个人手忙脚乱地跑过来，爸爸一手抱起女儿，一边给她揉头，一边安慰。妈妈发现依依的额头磕了一个包。

"怎么回事？"妈妈有点生气。

"可能是刚才追得太急了，不小心被积木绊了一下。"爸爸有点自责，脸有些红。

妈妈白了爸爸一眼，从爸爸怀里接过女儿，安慰道："好了，好了，依依不哭，下次玩的时候注意点就好了。"

在妈妈的安慰下，依依渐渐地不哭了，爸爸妈妈松了一口气，可是依依忽然仰起头向妈妈告起了状："妈妈，爸爸打我。"

听到依依这么说，爸爸赶紧喊冤："没有啊，爸爸什么时候打你了。"说着连忙摊开双手以示清白，妈妈当然看得出来是依依自己不小心跌倒的，但是依依为什么说谎呢？

"依依，说谎的孩子可不是好孩子哦，不是你自己摔倒的吗？怎么变成爸爸打你了？"妈妈问。

"就是爸爸打的嘛，他扮成大灰狼打我，我才摔倒的。"

"女儿，你可不能冤枉爸爸啊，不是你说要玩大灰狼捉小兔子的游戏嘛。"

"就是您打我了！"依依不依不饶，一口咬定是爸爸打了她。

爸爸一脸无辜，妈妈不知所措，最后，妈妈示意爸爸先回避，然后对女儿正色道："依依，妈妈可不喜欢撒谎的孩子，而且老师、同学都不喜欢，你告诉妈妈刚才是不是撒谎了？"

"嗯。"依依低下头小声地说。

"那刚才为什么撒谎呢？是不是怕妈妈凶你呀？"

"嗯。"依依点了点头，委屈地说，"上次我玩的时候摔倒了您就凶我了。"

"上次是妈妈不对，妈妈不该凶你，但是这次你撒了谎，冤枉了爸爸，爸爸也会很伤心呀，爸爸刚才还那么辛苦地陪你玩耍，你觉得要不要给爸爸道个歉呢？"依依点了点头，跑去跟爸爸道歉了。

妈妈的释疑站

像依依这样撒谎的行为很常见，依依撒谎是出于本能的自我保护——怕妈妈凶自己，很显然这种撒谎无关乎成年人心目中的道德理念，我们不能将其简单地理解成品行不良。一方面，孩子的经验和记忆有限，对于一件事情，他们可能会进行错误的阐述，当然，他们也会为了取得他人的关注而捏造事实；另一方面，孩子的思维与大人不同，孩子的思维很大程度上具有自我中心的特性，他们为了达到某种目的往往会不顾事实真相，以为大人不知道就没什么大不了的。比如他们做了错事，就会撒谎说不是自己做的，以此来保护自己。

瑞士著名儿童心理学家皮亚杰认为，撒谎的倾向是一种自然倾向，它是如此自发、如此普遍。因此，我们完全可以将其当作儿童自我中心思维的基本组成部分。而且据德国儿童心理学家斯特恩的研究可知，直到七八岁，孩子们都不能完全地陈述事实，孩子撒谎，仅仅是出于自己的需要，比如自我保护。

上述两位儿童心理学家是在告诉我们这样一个道理：孩子的撒谎行为是孩子成长过程中的自然现象，面对孩子的撒谎行为不要大惊小怪，也不要将其看作是一种不道德的行为。因此，当孩子撒谎时，家长一定要正确看待，不要将孩子的撒谎行为上升到道德的层面。

妈妈的智慧锦囊

当孩子有了撒谎行为的时候，我们应该怎么办呢？其实孩子撒谎就像在学习中遇到难题一样，需要家长像老师解题那样去帮助孩子分析。如果孩子撒了谎，家长首先不要着急训斥，而是应该了解一下孩子撒谎的动机，然后再帮助孩子审视自己的行为，比如看看方法对不对，如果有可取的地方，给孩子一些肯定。最后要看结果，让孩子看到撒谎造成了什么样的后果，要怎样弥补自己的过失。相信通过这样一个分析与引导的过程，孩子会对撒谎这一行为有更清晰的认识，到他下次遇到相同情形的时候就会考虑得更周全。

撒谎是孩子认知发展中的小插曲

"小孩子怎么也会撒谎呢？""没有教他，他是怎么学会的呢？""养成撒谎的坏习惯怎么办啊？"……对于孩子的撒谎行为，不少家长会摇头叹气，其实撒谎仅仅是孩子认知发展中的小插曲，家长大可不必如此烦恼，只要了解孩子撒谎的原因，正确引导，这一问题不难解决。

垃圾桶里的芹菜

子子总是不好好吃饭，妈妈为了改掉子子的这个坏毛病，给子子立了一个规矩：夹到碗里的饭菜一定要吃完，否则要接受小小的惩罚。子子嘟着嘴想表示反抗，可是在母亲的威严下只好乖乖吃饭。

一天中午妈妈炒了一盘芹菜，芹菜有些咸，妈妈去厨房拿水壶，等到妈妈回来的时候，子子举着自己的小碗笑嘻嘻地对妈妈说："妈妈，看我吃得多干净。"妈妈狐疑地看着子子空空的小碗，心里琢磨：子子今天吃饭怎么这么积极？妈妈夸奖了子子，然后给子子倒了点水。

可是不一会儿妈妈收拾垃圾桶的时候，赫然发现了垃圾桶里的芹菜，显然这是子子的杰作。

"子子，芹菜是不是你扔的？"妈妈把子子揪到身边，生气地问。

"不，不是。"子子脸红了。

"不是你是谁？"

"是……掉在地上了，不能吃了，就扔了。"

"再编瞎话！掉地上能掉这么多吗？"

……

妈妈的释疑站

相信类似的家庭一幕，作为妈妈的你会经常遇到，孩子总是有意无意地撒谎，同时他们的谎言又是那么容易让人分辨，让人揭穿。其实面对孩子的撒谎行为，家长不必太过烦恼，因为撒谎是孩子认知发展过程中的一个小插曲，小孩会说谎，意味着其心智发展跨出了重要的一步。为什么这么说呢？

首先，孩子具备了一定的认知能力才会说谎。

当孩子编造谎言时，说明孩子已经有了这种认知，即别人和自己的想法不同，别人并不知道自己在撒谎。

其次，孩子的撒谎行为和其认知发展有关。上面提到3岁的孩子已能意识到别人的想法和自己的想法不同，但是他们这时的认知发展还有局限，他们分不清想象和现实，常把自己的想象加工到现实中去，比如他们会回家后向你告状"今天某某打我了"。然而等你了解了事实的真相后才发现，根本没有这回事。而大一点的孩子，比如5～8岁的孩子，他们已经能够认知某些错误行为可能带来的后果，与此同时，他们还明白了怎么做才能让家长高兴。这时他们选择撒谎其实是一种解决问题的方式，比如他们可能是为了逃避责罚，或是为了让大人高兴。而小学高年级的孩子，他们的逻辑思维能力大大提升，说谎能力也随之提高了，同时也开始慢慢理解什么是善意的谎言。比如这时他们说谎可能是为了拒绝同学的邀请，避免做自己不喜欢做的事，也可能是为了安慰他人。

妈妈的智慧锦囊

说谎就像是孩子认知发展过程中出现的不愉快的小插曲一样，是无法避免的。家长需要做的是最大程度上减少孩子的撒谎行为，给孩子以正确的引导，让孩子形成正确的认知。那么具体有哪些好的建议呢？

首先，不要变相地给孩子制造撒谎的机会。其实很多时候我们才是促成孩子说谎的主要原因，面对撒谎的孩子，我们首先想到问责。比如看到孩子们在吵闹，我们常常会责问："是不是你拿了妹妹的玩具？"这样问，孩子为了逃避责罚很有可能会撒谎："我没有。"而如果你少一点责问，而是直接给出正确建议，就能避免孩子不必要的谎言，比如你可以这样说："妈妈刚才看到你拿了弟弟的玩具，把他弄哭了，现在你应该想想办法，让他高兴起来。"

其次，要建立良好的亲子关系。良好的亲子关系是孩子讲真话的保证，比如在日常生活中孩子遇到困难、挫折的时候，表示理解他的感受，告诉他自己是他最值得信赖的人，并给予孩子帮助，长期如此便能建立起良好的亲子关系。

最后，给孩子以教育和引导。撒谎的孩子，需要家长以正确引导帮助他树立正确的是非观，比如对于案例中的子子进行珍惜粮食的教育，同时引导子子接受不喜欢的食物，例如让他了解芹菜的生长过程，和他一起去采摘芹菜，或是买种子种一棵芹菜，等等。

撒谎其实也是孩子的一项技能

最近很火的英国《小学生守则》（也叫英国《儿童十大宣言》），
大致内容如下：

（1）平安成长比成功更重要；

（2）背心、裤衩覆盖的地方不许别人摸；

（3）生命第一，财产第二；

（4）小秘密要告诉妈妈；

（5）不喝陌生人的饮料，不吃陌生人的糖果；

（6）不与陌生人说话；

（7）遇到危险可以打破玻璃，破坏家具；

（8）遇到危险可以自己先跑；

（9）不保守坏人的秘密；

（10）坏人可以骗。

其中，我们看到最后两条——"不保守坏人的秘密"和"坏人可以骗"，这实在是比我们经常教育孩子"不要说谎"高明得多，而且说谎是被作为孩子必备的一项技能放在这里的。

撒谎是孩子成长的　部分，而事实证明，撒谎所需的种种能力在社会中也是至关重要的。英国谢菲尔德大学的研究员们发现，撒谎需要孩子具备执行能力，而这种能力是一种复杂的技能集合，包括了记忆加工、自我控制和计划能力。确实，当孩子撒谎的时候，他们要尝试着组织具有说服力的语言，编造合理的情景，营造自然的面部表情，这样才能构造出成功的谎言。在这个过程中，孩子的语言表达、逻辑推理、自我控制能力等都会得到极大的发展与提升。

因此，对于孩子的撒谎行为，我们应该看到积极的一面，给予理解。当然，这不是说我们要放任孩子的撒谎行为不管不顾，而是应该给孩子讲明诚实的重要性和撒谎带来的坏处，并在孩子出现撒谎行为的时候给予孩子积极的引导，随着孩子的不断成长，他自然能学会"说谎"这项技能（比如善意的谎言），同时也会慢慢改掉爱说谎的毛病，形成实事求是的理性人格。

为撒谎"平反",撒谎也有积极的一面

通常大人很容易将小孩子说谎上升到道德品质的高度,孩子如果说谎,就代表他品质不好,对于孩子的说谎行为,是明确制止,严厉对待的,甚至将其视为一件严重的事情。我们教导孩子从小做一个诚实的人,从教育层面来看,我们的教育方向没有错,但是存在一些认知上的错误。

首先,孩子说谎并不代表其品质不好,我们不能简单地将孩子的品质与撒谎行为挂钩,这一点我们已经在前面的内容中讲过。其次,事物总有两面性,孩子说谎其实也有积极的一面,我们不能只看到坏处而忽略其中的一些积极因素。

也许你会不解,孩子说谎还有积极的一面吗?当然,英、美两国研究人员的一项合作研究就证实了这一观点。研究人员发现,撒谎和语言工作记忆有关,而爱撒谎的孩子通常需要更强的语言组织能力去为自己编织谎言,这也意味着,善于撒谎的孩子有着更好的语言创造力，从这个方面来讲，爱撒谎的孩子会更聪明一些。为此，研究人员做了一个十分有趣的实验：

他们先是找来了一些6到7岁的孩子，然后把一些问题写在了若干张卡片上，卡片背面是问题的答案，并且每张卡片背后都有一幅不同颜色的图案。研究人员把卡片分发给这些孩子，并告诉他们不能翻看卡片的背面，然后研究人员离开了现场。

在拿到卡片后，有些孩子也许知道问题的答案，没有去翻看卡片的背面，有些孩子也许是出于好奇心理，也许是想找出问题的答案，在读完一遍题目后便去翻看卡片，也有一些孩子还没去看卡片的题目便翻看到了背面……

当然，研究人员通过显示器，可以清楚地看到孩子们的一举一动。最后，偷看卡片的孩子们问题都答对了。研究人员询问了他们卡片背后图案的颜色，有的孩子老老实实说出了正确的颜色，有的孩子故意撒谎答错颜色。对此，研究人员认为，那些撒谎的孩子记忆力更好，因为这些孩子仍然记得研究人员的警告：不许翻看卡片。所以他们才故意编造了一个谎言，而那些准确说出卡片正确颜色的孩子实际上忘记了警告，换句话说，撒谎的孩子的语言工作记忆更好，他们更善于组织自己的语言。

对此，研究人员这样解释：思维过程尤其是语言工作记忆，对撒谎之类的复杂社交互动非常重要，因为撒谎时需要拼接、编造多种信息。

其实在日常生活中，家长也有类似的感受，比如善于撒谎的孩子的语言组织能力特别强，有时候他们编造的谎言天马行空，又十分巧妙，让你惊叹不已。当然，大多数孩子的谎言是稚嫩的，大人很容易判断出孩子是否在撒谎。

德国教育学家施鲁克教授曾说："孩子第一次有意义地说假话是他成长过程的一个重大进步，孩子说谎，标志着他有了想象力、开创性的行为，并与周围环境打交道。"

很多类似的研究或是教育学家的看法都确认了孩子撒谎积极的一面，但是这并不意味着我们要放纵或是鼓励孩子的撒谎行为，而是说要挖掘孩子撒谎行为中的积极因素，比如想象力、创造力和记忆力。因此，可以说撒谎是大脑的高级功能，是孩子认知能力发展的表现，孩子第一次撒谎，跟长出第一颗乳牙和学会走路一样珍贵，我们要学会善待说谎的孩子，并透过谎言的表面，看到孩子谎言背后所隐藏的积极信息，充分挖掘孩子身上的闪光点。

当孩子知道"我知道，而你不知道"这个秘密后

谎言简单来说就是"我知道，而你不知道"，孩子大约在 3 岁左右开始发现这个秘密，这就是这时的孩子突然会变成一个满口谎话的"谎话精"的原因，当然隐藏在孩子谎言背后更深层的原因是孩子自我意识的萌芽与发展。

嘴角的甜甜圈

妈妈发现刚买回来的巧克力甜甜圈不见了，只剩下一个空袋子，再看看童童嘴角上残留的巧克力渍，妈妈顿时恍然大悟。

"童童，你有吃甜甜圈吗？"妈妈问高出桌子一头的童童。

"慧慧吃了一个，我没吃。"童童大眼睛忽闪忽闪的，眼神很坚定。

"你没吃？你确定？"

"真没吃。"

童童矢口否认，但是眼神不再坚定了，两只手扶着桌子的边缘，

半蹲着身子，只露出半个脑袋看着妈妈。

"好吧，我想你还是吃了一点，你嘴巴上还有巧克力。"妈妈笑着说。

童童用手擦了擦嘴角，确认妈妈说得没错后，说："还真有点巧克力，是慧慧涂到我嘴巴上的。"

妈妈顿时莞尔。

妈妈的释疑站

这样的场景，作为家长的你一定很熟悉吧，不知道从什么时候开始，我们眼里那纯洁的小天使开始满嘴跑火车，比如，"妈妈，我肚子疼，可能没法去学校了""妈妈，我的脚扭伤了，您抱我吧""妈妈，我吃饱了，不能再吃了，再吃肚皮就要破了"，而实际上是，他不想去学校，不想自己走路，不想吃饭！

面对孩子那双无辜的大眼睛，你一定哭笑不得，不禁会产生这样的疑问：他哪来这么些鬼扯的谎言？其实对于几岁的孩子来说，当他们发现"我知道而你不知道"这个秘密后，就会企图用谎言来骗过你，而这也是孩子自我意识萌芽、发展的结果。

对此，我们来看一个实验：研究人员找来一些孩子，把这些孩子分成两组，3岁前的孩子分为一组，3岁后的孩子则属于另一组。然后，研究人员让两组孩子分别观察两个盒子，其中一个盒子贴着创可贴的标签，可是里面并没有放创可贴，而另一个没有贴标签的盒子里却放着创可贴，这时研究人员问孩子们："如果你们需要创可贴，会去哪个盒子里找？"两组孩子几乎做了同样的回答："去贴着标签的盒子里找。"接着，实验人员打开了盒子，这时孩子们才明白，原来创可贴放在没有标签的盒子里。这时实验人员又问："如果你的朋友不小心弄伤了手，你觉得他会去哪个盒子里找创可贴呢？"

这时前一组（年龄较小的一组）的孩子们大多会按照自己看到的事实回答："他会去没有标签的盒子里找。"而另一组的答案则大多是："他会去贴着标签的盒子里找。"为什么会出现这样的差别呢？对此，研究人员给出了这样的解释：3岁前的孩子自我意识较弱，还不能很好地区分你、我、他的概念，觉得别人和自己有着同样的想法，并且更愿意相信看到的事实，因此，对于看到的事实（创可贴放在没有标签的盒子里），他们会觉得自己的朋友也知道这件事情，所以会去没有贴标签的盒子里寻找。而3岁之后的孩子已经能认识到别人的想法、相信的事情会和自己的不一样，即"我知道而你不知道这个秘密"，所以他们已经认识到自己知道创可贴在没有标签的盒子里，而他们的朋友没看过就不知道，朋友的想法和自己不同，所以仍然会去有标签的盒子里找。

而对于撒谎这件事来说，也是同样的道理。3岁左右，随着孩子自我意识的萌芽和发展，他们开始逐渐领悟什么是"我知道而你不知道"，并且只要有一次小小的成功，比如有一次孩子谎称肚子疼没有去学校，之后他们便会举一反三，将这种"信息不对称"的经验运用到很多地方，孩子的诸多谎言便会由此而来。

妈妈的智慧锦囊

　　孩子撒谎从根本上说是利用了"我知道而你不知道"的原理，而这一原理的背后是孩子自我意识的萌芽，孩子的自我意识萌芽意味着孩子已经能逐渐感受到自己是独立的、与众不同的存在，并且他们会很享受这种成长的成就感，会偶尔撒谎来满足自己的欲望。更有趣的是，当孩子通过"我知道而你不知道"撒谎成功后，会萌生出更大的热情去观察自己和他人，这对于孩子的认知发展来说是十分有益的，因此，当孩子开始撒谎的时候，作为家长的你不必惊慌，反而应该意识到，这只不过是孩子自我意识萌芽的一种表现或是一种结果罢了。

第二章

言出有因，寻找孩子撒谎背后的缘由

孩子撒谎令家长头疼，甚至大动肝火，但是作为家长的你了解孩子撒谎的原因吗？没有无缘无故的谎言，孩子的谎言背后往往有着诸多缘由，比如逃避责罚、为了得到想要的东西、为了得到表扬……家长应该根据孩子的撒谎行为去寻找孩子撒谎背后的缘由，这样才能对症下药，给予孩子正确的指导。

"卷子还没发下来"，孩子撒谎是为了逃避责罚

美国著名育儿专家吉诺特在分析儿童说谎的原因时曾说："说谎是儿童因为害怕说实话挨骂而寻求的避难所。"简单来说，孩子会通过撒谎来逃避大人的责罚，确实，这种欺骗大人的方式能在一定程度上使他们少受皮肉之苦，但是与此同时，撒谎的坏习惯也在不断形成。

卷子还没发下来

册册是属于那种比较贪玩的孩子，每天放学后都要在外面玩一会儿才回家，后来妈妈说了册册几次，册册没往心里去。有一次，册册回家实在太晚了，妈妈毫不客气地打了他一顿，不过册册并没有因为妈妈的打骂而听话，相反，册册学会了用谎言搪塞妈妈。比如册册还是隔三岔五地会玩到很晚才回去，妈妈问起的时候，册册就撒谎说是路上堵车，或是老师拖堂。这一招很管用，妈妈虽然有些怀疑，但是糟糕的交通状况妈妈也是知道的，而且妈妈不相信册册敢这么明目张胆地和自己撒谎。

渐渐地，册册明白了一个"道理"：撒谎可以免受妈妈的责罚。自此以后，撒谎就成了册册对抗妈妈的武器。一次期中考试，册册因为贪玩，本来就糟糕的数学成绩更是惨不忍睹，看着卷子上鲜红的70分，再想想妈妈以往的惩罚，特别是那次罚站，册册不由得打了一个激灵。他想：怎么办呢？上回改成绩就被妈妈看出来了，还是不要告诉她吧。册册打定了主意，准备把这件事拖到妈妈遗忘。

果然，回家后妈妈问起了册册考试的事："册册，这次考试考得怎么样啊？"

"不知道呢，卷子还没发下来。"册册撒谎说。

过了几天，妈妈又想起这件事，问册册："册册，卷子发下来了吗？"

"没呢，老师……这几天病了，不知道什么时候发呢。"册册继续撒谎。

听册册这么说，妈妈也没太在意，之后也忘了这件事，可是过了几天，妈妈在收拾册册的书包时无意间发现了一张数学卷子，只有70分！妈妈的第一反应是册册撒了谎，卷子早发下来了，册册怕受到惩罚撒了谎。为了证实自己的想法，妈妈拨通了册册数学老师的电话，结果正如自己所料，册册果然一直在撒谎！妈妈不由得联想起之前册册总是晚回家的事，这才意识到了事情的严重性，册册为什么会变成一个撒谎的孩子呢？

妈妈的释疑站

册册为什么会变成一个撒谎的孩子？这不仅是册册妈妈的疑问，也是很多家长的疑问。其实，孩子有时候撒谎，仅仅是出于一种本能的自我保护，为了逃避大人的责罚，就像案例中的册册一样，因为贪玩怕妈妈责罚，于是撒谎路上堵车或是老师拖堂，为晚回家找一个借口；因为怕妈妈责罚，不敢把考试卷子拿出来，于是藏在书包里，并向妈妈撒谎卷子还没发下来。

哲学家罗素曾说："孩子不诚实几乎总是恐惧的结果。"确实是这样，很多孩子为了避免父母对自己的责罚，会想出各种理由来掩盖自己的错误或是推卸自己的责任，因此而撒谎。尤其是那些已经有过做错事而被训斥、惩罚经验的孩子来说，为了逃避惩罚，他们更倾向于编造谎话来掩饰自己的错误。

由此可见，要想避免孩子撒谎行为的产生，家长的教育方式和教育态度十分重要。

妈妈的智慧锦囊

家长的态度决定了孩子是否说真话。如果家长平时总是对孩子很凶，经常以一种审问、责问的态度责罚孩子，孩子自然不敢跟家长说真话；而如果家长能以一种开放、宽容的态度对待孩子的撒谎行为，孩子更愿意和大人说实话。

因此，家长在日常生活中应该仔细观察孩子成长过程中的点点滴滴，并不断反思自己对待孩子的方式，尤其当孩子撒谎时，不要一味地盘问、责罚、打骂，这样只会加深孩子的恐惧感，从而为下一次撒谎行为埋下伏笔。相反，应该给孩子创造一种说真话的宽松环境，给孩子一个接纳和理解的表示，告诉孩子每个人都会犯错，知错能改才是正确的做法。如果孩子说出了撒谎的原因，家长首先要表扬孩子的诚实，然后再妥善处理孩子的错误。

"老师表扬我是好孩子"，都是理解性心理错位惹的祸

　　经常听到有家长抱怨读不懂孩子的心理，大一点的孩子搞不懂，小一点的孩子，诸如两三岁的孩子的心理也读不懂。比如孩子总是说一些与客观事实不符的话，例如孩子从幼儿园回来对妈妈说，"妈妈，老师今天骂我了"或是"老师今天夸奖我了"，而等妈妈了解了事情的真相后，发现原来事情根本不是孩子说的那样，妈妈不禁大为恼火，不明白孩子为什么撒谎。其实，这都是孩子的理解性心理错位在搞怪。

老师表扬我是好孩子

　　每天好多小朋友都会带着自己喜欢的玩具到幼儿园玩，今天克克带了自己的小汽车，而飞飞带了一个很酷的变形金刚，克克很想玩飞飞的玩具，于是拿着自己的玩具去换，可是被飞飞神气地拒绝了。

　　克克很生气，他决定去把飞飞的玩具抢过来。克克趁着飞飞玩别的玩具的时候悄悄走过去，一下子拿起了玩具，没想到飞飞突然站了起来，对着克克大声说："干吗抢我玩具？！"克克不管他，揪着飞机的尾巴使劲拽。克克力气大，飞飞力气小，克克一下子把飞飞拉了过来，飞飞没站稳，一个趔趄摔倒在了地上，坐在地上大哭起来。克克站在那里呆住了，他不知道该怎么办。

老师听到哭声赶紧过来把飞飞扶起来，轻声问："飞飞，怎么了？"

"他，他抢我玩具。"飞飞一边哭一边向老师告状。

"克克，你有抢飞飞的玩具吗？"老师问。

克克抱着怀里的玩具不说话。

"克克，抢小朋友的玩具是不对的，不过下次改了还是好孩子。"老师温柔地说。

克克想：咦？老师夸我是好孩子？克克像是一个过滤器一样，自动把老师的前半句话过滤掉了。克克心里很美，他要赶紧回家把这件事告诉妈妈。

回到家，克克向妈妈夸耀："妈妈，今天老师夸我了。"

"是吗？克克真棒，老师是怎么夸你的？"妈妈饶有兴致地问。

"老师夸我是个好孩子呢。"克克一脸自豪。

"那是，我们克克最棒了！"妈妈在克克脸上亲了一下。

可是，不一会儿幼儿园老师打来电话，说是克克抢小朋友的玩具，还把人家的玩具弄坏了。听完老师的解释，妈妈一脸疑惑，为什么克克会把老师的批评当成是表扬，还向自己撒谎夸耀呢？

妈妈的释疑站

对于两三岁的孩子来说，这样的"撒谎"行为很常见，孩子们会经常说一些与客观事实不符的话，让大人觉得莫名其妙。其实，孩子的这类"撒谎"行为，从严格意义上讲并不是真正的撒谎行为，而是一种和认知能力有关的理解性心理错位。

对此，著名心理学家皮亚杰在他的认知发展理论中做了阐述，他认为，2~3岁的儿童的认知发展处于前运算阶段，他们开始运用简单的语言符号来进行思考，具有了表象的思维能力，但是对客观事物认识不足，不能全面地理解语言的含义，因此会产生理解性心理错觉，经常说一些与客观事实不符的话。

而案例中克克正是因为认知能力有限，没有完全理解老师的话，才把老师的客观批评理解成了表扬，从而出现了接下来的"撒谎"现象。

妈妈的智慧锦囊

遇到孩子的理解性心理错位，家长应该怎么办呢？

首先，不要打击孩子的积极性。如果家长发现孩子有这类"说谎"现象，不要急着去批评教育孩子，而是应该帮助孩子分析成人话语中的真正含义，消除孩子的模糊认识，建立良好的认知感。随着孩子年龄的增长，孩子的这些撒谎现象会逐渐消失。

其次，在平常生活中家长可以和孩子做一些听话训练，这样能帮助孩子尽快消除这类"撒谎"现象。比如说一些有转折性质的话，诸如"莉莉是个好孩子，可是今天她做错了事""妞妞撒了谎，不过妈妈相信妞妞会改正错误，改正错误的孩子才是好孩子"等等。孩子的听话能力逐渐提高了，孩子的理解性心理错位现象就会自动消失。

"卷笔刀已经给老师了",孩子撒谎是自尊心使然

所有家长都希望自己的孩子是一个诚实、坦率、正直的人,于是在孩子撒谎后又是追问,又是教导,可是有时候你会发现,孩子的谎言一个接一个,而且不同的谎言背后,有着不同的说谎心态,比如孩子撒谎不单单是为了逃避惩罚那么简单,也可能是孩子的自尊心使然。

机器猫卷笔刀

卡卡回家的时候手里拿着一个蓝色的卷笔刀,手摇的那种,因为像极了玩具,所以妈妈还以为是一个玩具。妈妈问:"卡卡,你的玩具是哪儿来的?"

"什么玩具?"卡卡眨着漂亮的大眼睛问。

"那个机器猫。"妈妈指了指桌子上酷似机器猫的卷笔刀。

"那不是机器猫,是卷笔刀。"卡卡纠正道。

"卷笔刀?"妈妈拿起来瞅了瞅,还真是一个卷笔刀。

"这个卷笔刀是哪儿来的?"妈妈又问。

"是……是同学送的。"卡卡支支吾吾。

"你好好说,到底是哪儿来的?"

"是……同学借给我的。"卡卡继续支支吾吾。

妈妈心想:不用问,卡卡一定在撒谎!妈妈决心要知道卡卡的卷笔刀到底是哪儿来的。整整十五分钟,妈妈又是讲道理又是说好话,终于,卡卡交代了事实:"是我在值日的时候从地上捡的。"

"那你明天把它交给老师吧。"妈妈对卷笔刀的去向进行了判决。

"嗯,好。"卡卡有些不愿意,但是还是同意了。

妈妈本以为这件事情过去了,可是过了几天,妈妈在帮卡卡洗书包的时候,发现书包的一个侧兜里有一个鼓鼓的东西,妈妈拉开拉链——居然是那个蓝色的机器猫卷笔刀。妈妈很生气,找到卡卡问:"卡卡,你把机器猫交给老师了吗?"

"机器猫?"卡卡想了想,知道妈妈说的是卷笔刀,但是不能让妈妈知道,卷笔刀还静静地躺在书包里呢,于是卡卡说:"什么机器猫啊,我不知道。"

"那个卷笔刀,很像机器猫的那个。"妈妈想了想说。

"交给老师了啊。"卡卡并不知道妈妈已经证据在手。

"你这孩子怎么撒谎?!"妈妈的生气值瞬间快要满槽,于是直接甩出证据,"这个你怎么解释?"

卡卡看到妈妈手里的卷笔刀,看着自己的谎言被当场戳穿,窘迫得要死，脸蛋一下子成了两块红苹果，卡卡用手指挠挠头，一个字也说不出来。

"不是答应妈妈要把卷笔刀交给老师吗？为什么撒谎？"妈妈强压着怒火询问。

"因……因为怕同学和老师笑话我。"卡卡的声音小得像蚊子叫。

听到卡卡的解释，妈妈一下子愣住了，妈妈本以为卡卡撒谎是因为不想交还玩具，不曾想，小家伙是因为面子问题，怕同学和老师笑话他。想到这里，妈妈觉得小孩子的心思可真不少，她叹了口气，开始了对卡卡的教导……

妈妈的释疑站

因为一个小小的卷笔刀，卡卡向妈妈撒了两次谎，第一次是在妈妈询问卡卡卷笔刀由来的时候，第二次是在妈妈询问卡卡卷笔刀是否交给老师的时候。这两次撒谎的原因各不相同，第一次撒谎是卡卡怕妈妈知道自己没有把捡到的卷笔刀交给老师后批评自己，第二次撒谎是因为怕还卷笔刀的时候同学和老师笑话，笑话他捡了东西不及时上交，自己藏起来。

对于卡卡第一次撒谎的原因，我们很好理解，之前我们也讲述过类似的问题，孩子撒谎很大程度上是为了推卸责任、逃避批评或惩罚。随着孩子年龄的增长，孩子已经有了一定的辨别是非的能力，他们对于自己的过错是有知觉的，但与此同时，他们又怕受到批评、惩罚，所以就会用谎言来掩盖事实真相，硬着头皮去撒谎。这类撒谎原因可以说是最常见的，因此家长也并不感到新鲜、奇怪。

可是对于卡卡第二次撒谎的原因，很多家长不是很了解，甚至有些家长觉得孩子还小，哪来的面子问题。其实不然，孩子的面子问题源于自尊心，而孩子的自尊心从孩子的自我意识产生开始，大约两岁左右的时候，自尊心就已经产生了。比如，如果你当着孩子的面，说他尿床的事，他会很窘迫。而在这个事例中，卡卡之所以向妈妈撒谎，正是因为自尊心使然，因为自尊心，卡卡怕在同学、老师面前丢脸，怕他们笑话自己，怕他们觉得自己是个坏孩子。

所以，当孩子撒谎的时候，我们务必要弄清楚孩子撒谎的真正原因，然后从根本上解决问题。

妈妈的智慧锦囊

那么，如果孩子因为面子问题撒谎，家长该怎么做呢？

比如在上面的案例中，妈妈可以这样引导卡卡："卡卡，老师和同学是不会嘲笑勇于认错的孩子的，只要你坦诚地说出实情，将卷笔刀交给老师，丢失卷笔刀的同学就会原谅你，同学们会为你的行为点赞，老师会夸奖你，不信的话，你去试一下吧。"总之，要消除孩子心中的顾虑，鼓励孩子去承认错误，承担责任。当然，这个方法是针对卡卡所在的特定的年龄段来说的，在运用的时候要注意。

如果是年龄较大的孩子，可以告诉孩子一个道理："他人没有你

想象中那么在意你的事。"爱面子的孩子往往很在意他人对自己的评价，尤其在做错事后，时常会夸大事情的严重性，认为自己承认错误就会在他人心中留下这样一个印象：瞧，这是个撒谎的孩子。其实，生活的经验告诉我们：他人没有想象中那么在意我们的事。我们也要告诉孩子这个道理，让孩子客观地对待自己的错误，客观地看待他人对自己的看法。

"爸爸让您买给我"，撒谎是为了得到想要的东西

一位犯人在陈述自己幼时经历的时候，讲述了这样一件家庭小事："有一天，妈妈买回几个苹果，但是大小不一样，我一眼就看见了中间那个又大又红的苹果，妈妈把苹果放在桌子上，问我和弟弟想要哪一个，我想说想要最大的那一个，还没等我说出口，弟弟抢着说了，不料，妈妈十分不高兴，说：'好孩子要学会分享，学会把好的东西让给他人，不能总想着自己。'我听了，忙改口，说想要那个最小的，把大的让给弟弟，妈妈听了非常高兴，夸奖了我，而且还把最大的那个苹果给了我。撒谎使我得到了想要的东西，从此以后，我学会了撒谎。后来，为了得到我想要的东西，我又学会了打架、偷窃、抢劫，最后进了监狱。"

读完这个故事，我们会想到一个词——蝴蝶效应，即在初始条件下，哪怕是一个细小的变化都能引起巨大的连锁反应。虽然我们很难想象，犯罪能和撒谎这件小事联系起来，但是有时候事实就是这

样，而这位犯人撒谎的动机也很简单，仅仅是为了得到自己想要的东西。

其实，在孩子年幼的时候，他们撒谎的目的很单纯，可能仅仅是为了得到自己喜欢的芭比娃娃。

妍妍的芭比娃娃

5岁的妍妍俨然是一个漂亮的小公主，大大的眼睛，小巧的鼻子，甜美的脸庞，就像一个芭比娃娃。妈妈的朋友见了，夸赞妍妍，"真漂亮，像是芭比娃娃一样"；妈妈下班回来了，边换鞋边朝屋里喊，"小芭比，妈妈回来喽"；妍妍到表姐家玩，看到表姐在给芭比娃娃换衣服，表姐说"这个娃娃真像你"……可是妍妍没有自己的芭比娃娃，妍妍的表姐有，隔壁的晶晶有，班上的好多同学都有，唯独自己没有，所以妍妍好想要一个芭比娃娃。

一天，妍妍对爸爸说："爸爸，我想要一个芭比娃娃。"

"妍妍，你看看你的玩具，都要堆满屋子了。"爸爸一脸愁容地望着妍妍的小屋子发呆。

"可是，我没有芭比娃娃呀。"妍妍不好意思地挠了挠头。

"乖，不买了，要什么芭比娃娃，你就是爸爸的芭比娃娃。"说着，爸爸在妍妍的脸上亲了一口。

"妈妈也这么说，可是……"妍妍很想说"可是我还是想要一个芭比娃娃"，不过看着爸爸不友善的表情，妍妍把后半句话咽回了肚子里。妍妍转身去了书房，她要去找妈妈。

"妈妈,您在看书啊?"妍妍轻轻走进了书房。

"嗯……"妈妈做了一个明知故问,且不喜欢被打扰的表情。

"那个……爸爸说让您明天下班回来的时候给我买一个芭比娃娃,套装那种也行。"妍妍说。

"嗯,好,妈妈知道了。"妈妈没抬头,仍在认真地看书。

妍妍轻轻地带上了门,高高兴兴地出去了。

第二天,妈妈拿着一个大盒子回来了,一进门便朝屋里喊:"小芭比,看妈妈给你带什么回来了?"

妍妍跑了出来,看着妈妈手里的芭比娃娃别提多开心了。爸爸好奇地走过来,看到"芭比娃娃"几个字,白了妈妈一眼,转身去了厨房。爸爸不知道妍妍对妈妈撒了谎,妈妈也不知道妍妍是在对自己撒谎,直到晚上要睡觉的时候(妍妍已经睡着了),爸爸想起这件事对妈妈小声埋怨:"你这么惯她,都把她惯坏了。"

"什么惯她?"妈妈一脸茫然。

"芭比娃娃呀。"爸爸说。

"不是你叫我给她买的吗?"妈妈脑袋上挂着一个大大的问号。

"我什么时候叫你给她买的?她朝我要,我没答应。"爸爸也一脸问号。

"妍妍对我说的呀,说你让我给她买的。"妈妈赶紧解释。

这时,爸爸妈妈才发现,原来是妍妍在撒谎!

妈妈的释疑站

妍妍很想要一个芭比娃娃,于是向爸爸申请,不过爸爸以玩具过多为由驳回了妍妍的请求。其实爸爸是不想总惯着孩子,什么事都答应她。妍妍在爸爸这里碰了一鼻子灰,转而去向妈妈求助,并且对妈妈撒了谎,妈妈没有在意,以为真是妍妍爸爸让自己给她买玩具,结果第二天果然买了芭比娃娃回来。直到晚上的时候,爸爸想起这件事和妈妈沟通,才发现妍妍撒了谎。

在这个事例中,很明显,妍妍撒谎就是为了得到自己想要的芭比娃娃,而爸爸妈妈之间缺乏有效的沟通,让妍妍成功地瞒天过海。

孩子的世界很天真,孩子的谎言也很简单,不像成人的谎言那么复杂,有时他们撒谎仅仅是为了得到自己喜欢的玩具,或是想要大人多给自己买一根雪糕。其实,这是他们在向家长表达自己的愿望和诉求,只不过由于年龄的缘故,他们没有足够的判断力和辨别能力去评判一件事情的好坏,在他们看来,撒谎仅仅是一种获得自己想要的东西的方式而已,除此之外,他们没有更多的考虑,比如撒谎这一行为是好还是坏。他们并不会认真地去考虑。所以,对于类似的撒谎行为,需要家长的帮助和引导。

那么，对于孩子，这类撒谎行为，家长该怎么办呢？以下是两点建议：

其一，家庭成员之间要做好沟通工作。在案例中，如果妈妈能及时和爸爸沟通，提早发现孩子的撒谎行为，就能在孩子的谎言发生效应之前找到解决问题的方法。由此可见，家庭成员之间的有效沟通是很重要的。另外，孩子出现这类撒谎问题也可能是因为大人之间的教育态度不统一，所以孩子就可以乘虚而入。因此，家庭成员之间一定要加强沟通，保持一致的教育态度。

其二，让孩子明白通过撒谎的方式并不能得到他想要的东西。孩子撒谎是为了达到自己的目的，得到自己想要的东西，一旦这种方式无效，孩子便会自动放弃。比如家长可以把孩子用这种方式得来的玩具没收掉，并且明确地告诉孩子尽管玩具买了回来，但因为是撒谎得来的玩具，仍然不能玩，让孩子明白用撒谎的方式是得不到满足的。

"妈妈，这是我画的"，孩子撒谎是为了得到表扬

　　孩子撒谎的原因多种多样，有时他们是为了逃避惩罚而撒谎，有时是为了满足自己的小小私欲而撒谎，而有时撒谎仅仅是为了得到大人的夸赞和表扬。不过对于最后一点，很多家长不是很理解。其实孩子有被爱的需求，也有被夸奖的需求，只不过在他们懵懂的年纪，可能并不懂得用正确的方式去表达自己的需求，所以才会撒谎。

撒谎的彦彦

　　最近妈妈发现，3岁的彦彦忽然变成了一个爱撒谎的孩子，总是有意无意地对自己撒谎。

　　事件一：

　　周末的时候，彦彦的小表姐虹虹到家里来玩，彦彦拿出妈妈刚给她买的画笔和虹虹一起在客厅的茶几上画画，妈妈到厨房去准备水果。

　　厨房的门没关，妈妈很清楚地听到了彦彦和小表姐的对话。

　　彦彦："虹虹姐，你在画什么啊？"

　　虹虹："在画小鸭子。"

　　彦彦："哦，真好看，可惜我画不好。"

　　……

　　不一会儿，彦彦拿着画"哒哒哒"地跑到了厨房，对妈妈说："妈妈，这是我画的。"妈妈看了一眼，画中一只黄色的小鸭子浮在水面上，头顶是一轮火红的大太阳，旁边还飘着几朵云彩。但是妈妈知道彦彦的画画水平，这绝对不是彦彦画的，况且刚才她还听到了彦彦和虹虹的对话。于是妈妈问："这不是虹虹姐姐画的吗？""就是我画的！"彦彦仍然坚持。妈妈想要批评彦彦几句，但是一想，还有客人在，于是随口敷衍了两句，彦彦有点不开心，拿着画走开了。

　　事件二：

　　一天，彦彦从幼儿园回来，从口袋里掏出一颗五角星，然后对妈妈说："妈妈，我今天得了一颗五角星。"妈妈很奇怪，问彦彦："小星星不是要贴在红花栏里面吗？"

　　"没有，老师叫我拿回来给您看。"彦彦想了想这样说。

妈妈觉得彦彦在撒谎，但是彦彦为什么要这么说呢？

事件三：

最近彦彦在幼儿园学做手工，妈妈特意为彦彦买了一大盒儿童手工串珠，各式各样的珠子五彩缤纷，十分好看，彦彦玩得很开心，不过总是穿不好，比如她会把鱼形的珠子和圆滚滚的珠子穿在一起。妈妈耐心地指导彦彦怎么把合适的珠子穿在一起，爸爸看了半天，觉得无聊，借口上厕所走开了。

彦彦拿着一串长长的、穿得乱七八糟的手串对妈妈说："妈妈您看，我穿得多长啊。"妈妈一看，心想：这不是刚才爸爸穿的吗？妈妈还不确定，朝着厕所里的爸爸喊："那个长长的珠子是你穿的还是彦彦穿的？""你说那个有吊坠的吗？我穿的。"爸爸大声回应妈妈。

妈妈想：这小家伙怎么又在说瞎话，而且还睁着大眼睛看着我，一副理直气壮的样子！妈妈简直要崩溃了。

妈妈的释疑站

相信作为妈妈的你一定有类似的感受，孩子总是莫名其妙地撒谎，但是我们认真想一想，孩子真是在莫名其妙地撒谎吗？显然不是。案例中的彦彦为什么会撒谎呢？我想很大程度上是因为彦彦想得到妈妈的表扬，比如彦彦拿着小表姐的画让妈妈看，就是为了得到妈妈的表扬。从幼儿园拿回五角星，是想听到妈妈的夸奖；谎称爸爸穿的手串是自己穿的，是想让妈妈夸夸自己。

但是在整个过程中，妈妈似乎没有意识到这一点，而是将重点放在了孩子撒谎本身这件事上，而没有去关注孩子的需求。其实，彦彦的这些行为属于表现性撒谎行为，即为了在他人面前表现自己而实施的撒谎行为，这种撒谎行为是为了吸引他人的注意，在他人面前夸耀、表现自己。产生这种行为的原因多是孩子缺少大人的关爱，缺少自信，或是单纯的表现欲过于强烈。因此，家长有必要弄清楚孩子到底为什么撒谎，如果是上述原因，就要采取一些针对性措施，而不能一味地批评教育孩子。

妈妈的智慧锦囊

在教育孩子的过程中我们不要忽视孩子的需求，有时候他们撒谎仅仅是为了得到大人的一个夸赞、一个微笑或是一个拥抱，因此，我们千万不要吝惜对孩子的溢美之词，哪怕是简单的"真棒"两个字，孩子也会从中得到莫大的快乐与满足。

比如事件一中，当彦彦拿着小表姐的画向妈妈夸耀时，妈妈可以这样回应她："这是彦彦画的呀，画得真棒，跟虹虹姐姐一样棒呢，如果下次再画得这么好，妈妈就更高兴了。"这时因为有客人在场，要注意维护孩子的自尊心，不要戳穿孩子的谎言，等到事情过去后，再慢慢教育引导她。

而且在平时的生活中，彦彦妈妈应该多给孩子一些表扬和鼓励，

满足孩子的需求，这个过程还能逐渐培养孩子的自信心。当然，妈妈可以通过给孩子独立做事的机会，增强孩子的自信心，当孩子认识到通过自己做事也能获得大人表扬的时候，他就会渐渐放弃使用撒谎的方法，因为毕竟撒谎要受到大人的说教。这样既能让孩子变得自信，又能逐渐改正孩子撒谎的毛病。

另外，还有一种撒谎现象是由于表现欲过于强烈引起的，比如孩子会在大人面前说大话夸耀自己。面对这种情况，如果孩子的语言存在积极的一面，要对孩子积极踊跃、敢于展示自己的精神加以鼓励和表扬；如果孩子是在一味地说大话、说空话逞能，就要给予孩子正确的引导，比如引导孩子正确认识自己，在平时不说大话、空话。

第三章

以身作则，为孩子树立不撒谎的榜样

很多家长总是抱怨孩子撒谎，却从来不从自身找原因。其实，家长是孩子的第一任老师，其言行举止对孩子有着潜移默化的影响，孩子的很多撒谎行为都来源于对大人的模仿。因此，教育孩子不撒谎，首先家长要以身作则，为孩子树立不撒谎的榜样。

孩子撒谎来源于对大人的模仿

英国著名教育家洛克曾说："说谎在形形色色的人群里很盛行，要使儿童不看到、不听到别人说谎非常困难。孩子经常看到、听到别人说谎，又怎么会不学？"其实，孩子本身就是天生的模仿高手，有时你不经意间的一个动作或是一句话都能被他们模仿得惟妙惟肖，只不过他们的模仿行为不分好坏，好的也模仿，坏的也模仿，因此，当他们看到大人在撒谎时自然而然就学会了。

檬檬的疑惑

对于一般人来说，周末可能是最好的闲暇时光，但是对于檬檬妈妈来说，周末根本闲不下来：饭要做，犒劳忙碌了一周的一家人；卧室要收拾，因为檬檬爸爸是个懒虫；客厅要打扫，差不多每周都有客人来访；超市要去逛，否则冰箱里永远是熟食……檬檬妈妈的周末实在太忙。

"丁零零……"电话响起，妈妈拿起电话接听，无奈电视机的声音盖过了手机听筒的声音，妈妈示意檬檬把电视声音开小点，然后习惯性地开了免提："喂？王姐吗？""什么？""吃饭啊，实在是抱歉，我那个……生病了，这次就不去了。"檬檬调低了电视的音量，正好听到妈妈在说这句话。

不对呀，妈妈没生病啊！檬檬心里这样想着，随口问道："妈妈，您生病了吗？"话还没说完，妈妈赶紧伸出手指做出一个"嘘"的手势，檬檬只好将最后两个字咽回了肚子里，檬檬很奇怪，等到妈妈挂了电话，忍不住问妈妈："妈妈，您没生病怎么说自己生病了呢？""不说生病，谁给你做饭，谁给你洗衣服、收拾屋子啊？你这傻孩子。"妈妈随口回答了檬檬。"哦，好吧。"其实檬檬还想问，妈妈为什么不告诉那位阿姨自己周末忙着照顾檬檬呢？其实檬檬不知道的是，这个借口已经被用过了，只不过妈妈那一次打电话，檬檬没听到而已。

一天，檬檬正在看喜欢的动画片，同住一个小区的小朋友凌凌打电话过来，让檬檬出去玩耍，檬檬接过电话对着电话说："凌凌，你去玩吧，我生病了。"说着还装出一副病恹恹的样子，妈妈很震惊，忙纠正说："小孩子不许说谎！"

"我没说谎啊，上次妈妈和阿姨就是这样说的啊。"檬檬理直气壮地说，妈妈这才想起了前几天的事，一下子愣在了那里。

妈妈的释疑站

我们发现，孩子是天生的模仿高手，家长要孩子学的，孩子会模仿，家长担心孩子学的，孩子也会模仿，甚至是大人一句漫不经心的

谎言都可能成为孩子模仿的对象。案例中妈妈无意中撒了一个小谎，檬檬很快学以致用，妈妈无心的一句谎言竟然成了檬檬的模仿对象。

在日常生活中，我们难免会因为某些情况需要说些虚假的话，虽然在很多情况下，这些虚假的话是一种社会交往的技巧，并无道德上的不妥，但是对于未经世事的孩子来说，他们很可能无法理解这种行为，并且在家长的权威效应下会认为这种行为是对的，是自己应该学习的，于是就慢慢学会了说假话。

妈妈的智慧锦囊

每个孩子的心里都有个榜样，而这个最初的榜样就是家长，因此，家长一定要时刻注意自己的言行，给孩子树立一个好榜样。那么，具体该怎么做呢？

首先，家长要注意自己的言行。虽然被家务琐事所缠绕的妈妈很难做到"吾日三省吾身"，但是在平时注意自己的言行还是能做到的。譬如在孩子面前不撒谎，处理事情时说真话，不要为了达到一些教育效果而欺骗孩子，对孩子说谎。

其次，要做对孩子信守承诺的家长。不要轻易答应孩子的请求，一旦许下承诺就要尽力做到，要在孩子面前树立诚信的榜样。

言出必行，遵守与孩子的约定

在教育孩子的过程中，家长不应该忽视与孩子的任何约定，即使是与两三岁的孩子"拉钩钩"的约定，也应该尽量做到言出必行，因为对于孩子来说，建立彼此的约定可是一件严肃认真的事，家长也应该以一种严肃、认真的态度来对待。

妈妈与丸丸的约定

丸丸一家搬了新家，新房子十分漂亮，周围环境也不错，就是小朋友少了点。隔壁邻居家的小朋友欢欢比丸丸大两岁，丸丸每天都会在门口玩耍一会儿，正好经常能碰到放学回来的欢欢，没过几天，丸丸就在这个新地方结识了他的第一个朋友。虽然看起来欢欢的个子比丸丸高好多，但是欢欢从来没欺负过丸丸，这是他们稳固友谊的关键。

不久，欢欢上了小学一年级，为了不影响欢欢的学习和休息时间，妈妈和九九定了一个约定：周一到周五的晚上不去欢欢家玩。刚开始九九坚持拒绝，好在妈妈做了一番思想工作后，九九还是勉强答应了。

这天下午，九九在院子里玩耍，欢欢来还前几天借的绘本（这本绘本是欢欢妈妈借的，九九曾告诉过妈妈，欢欢不喜欢看，因为上面的字太少了，他喜欢字多一点的）。两个孩子见面很高兴，一块玩了一会儿。不一会儿，欢欢妈妈叫欢欢回家吃饭，两个孩子没玩尽兴，于是欢欢主动邀请九九一起去他家共进晚餐。九九征得了妈妈的同意，愉快地跑去了欢欢家。

妈妈担心九九会打扰到欢欢学习，大约半个小时后去叫九九回家。欢欢把九九送到门口，九九一副恋恋不舍的样子，欢欢说："你过一会儿再过来玩吧，我们玩跳棋。"九九用充满渴望的眼神看着妈妈，妈妈有点心软，于是说："妈妈答应你，不过你要答应妈妈早点回来。"九九很开心地点了点头，欢欢也很开心。

但是很快妈妈觉得不应该答应孩子的请求，这岂不是破坏了之前的约定了吗？于是当九九不停地问"妈妈，我可以去找欢欢玩了吗"的时候，妈妈总是回答："不行，欢欢现在正忙着写作业呢，我们不能打扰他。"妈妈以为反复几次后，九九会放弃自己的想法，无奈九九的坚持让妈妈大为头疼，最后大约八点半的时候，妈妈说了实话："九九，今天我们不去欢欢家了，现在欢欢差不多已经睡了，明天他还要早起上学呢。"

"您不是答应我和欢欢了吗？怎么说话不算数？"九九有点不

高兴。

"今天很晚了，我们不应该去打扰欢欢休息了，改天吧。"妈妈耐心地解释。

"不去也应该告诉他一下呀，您不是说答应别人的事一定要做到吗？"丸丸显然很失望，也很生气。

"好吧，我们去跟欢欢说一声。"妈妈感觉有些理亏，带着丸丸去了欢欢家。

妈妈的释疑站

在这个案例中，妈妈和丸丸之间有个约定，即周一到周五的时候丸丸不能去邻居小朋友家玩。不过这个约定更像是一条规矩，规矩是死的，人是活的，当面对丸丸恳切的眼神的时候，妈妈破例准许丸丸去找邻居小朋友玩一会儿，前提是丸丸要早一点回来，这时就形成了一个真正意义上的约定。但是事后妈妈并没有遵守约定、兑现承诺，而是谎称邻居家小朋友在写作业，故意拖延时间，最后丸丸又失望又生气，不难想象，妈妈的信用值一定在丸丸心里大打折扣。

在整个过程中，我们发现丸丸妈妈始终以一种摇摆的态度面对遇到的问题。其实，家长应当要慎重对待自己的言行，与孩子的约定，无论大小，无论是否重要，都应该做到言出必行，尽量去遵守。否则，家长很可能会渐渐失去孩子的信任，与此同时也为孩子树立了一个不诚信的坏榜样。

当家长忠于自己的承诺的时候，孩子将以此为榜样，并进行效仿。我们应该给孩子树立一个真实可信的形象，这样孩子就会去模仿学习，逐渐成长为值得他人信赖的人。那么具体来说家长应该怎么做呢？

首先，家长应该重视与孩子之间的约定。有些家长总以为孩子还小，不拿与孩子之间的约定当回事，经常向孩子开"空头支票"。比如，当孩子哭闹的时候承诺星期天带孩子到游乐场玩，但是过后却把这件事抛到了九霄云外，也没有和孩子解释。这样，孩子就会觉得大人在说谎，一点也不讲信用，久而久之，孩子对大人的信任感降低，同时也学会了撒谎。因此，家长一定要重视与孩子之间的约定。

其次，家长要尽量遵守与孩子的约定。一旦与孩子约定一些事情，家长要尽量做到言出必行。如果因为有紧急的事或是特殊情况不能兑现承诺，也不能不了了之，而应该向孩子道歉并解释原因，这样对于改正孩子的撒谎行为才会有帮助。

最后，最好将与孩子约定的事写在本子上。很多家长喜欢口头和孩子约定一些事，但是常常忘记。对于孩子来说，写下来的东西会比嘴上说出来的显得更郑重和严谨，他也会努力去遵守。因此，家长不妨把与孩子约定的事记录下来，这样才更有效力。

家长犯错误，也要实话实说

　　美国教育家斯特娜夫人曾这样说过："勇于承认错误、探索新的谈话起点的父母，远比固执、专横的父母要可爱得多。"家长是孩子学习的榜样，如果家长犯了错都做不到知错就改，那么又如何要求孩子做到这一点呢？因此，如果家长犯了错，也应该实话实说，及时向孩子道歉，这样孩子才会从家长身上学习到主动认错的品质，当孩子撒谎时，来自品德的拷问会让他主动低头认错。

桌子上的油层

　　在雷雷的家乡，每当逢年过节或是办喜事的时候，家家都会做炸糕、炸油饼，糕是黄米面糕，油饼是发面饼。不过到雷雷这一代，生活条件好了，即使不是什么节日，也会隔三岔五美美地吃上一顿。这不，今天雷雷妈妈便大显身手，炸了一小盆糕，红豆馅、红糖馅、土豆馅……都是雷雷爱吃的。

炸完糕后，油锅里的油温度还很高，妈妈把油盛到一个小铁盆里，放到了厨房的桌子上。吃完饭后，妈妈想把小铁盆里的油收起来，却发现桌子上和地上洒了一层油。妈妈的第一反应是雷雷刚才在厨房里玩耍的时候不小心碰洒的，理由是最近雷雷比较调皮，经常打碎一些瓶子、盘子之类的东西。想到这里，妈妈跑去质问儿子："雷雷，你刚才在厨房的时候是不是碰桌子了？"

"没有啊！"雷雷不知道妈妈想要说什么。

"刚才厨房里就我们两个人，你没碰桌子这油怎么会洒一地呢？"

"我没有，说不准是您不小心碰到的。"

"唉，你这孩子，还犟嘴，妈妈刚才一直在洗碗，怎么会是妈妈碰的呢？"

"反正不是我。"雷雷嘴里嘟囔着。

"好吧，你知道撒谎的后果是什么吗？"妈妈有点气势压人。

"不是我嘛，什么事情就知道赖我。"雷雷噘起嘴，一脸的委屈，说完这句话便跑到楼下去了。

"这孩子，真是越来越不懂事了，撒了谎还不承认，说他两句就不爱听了。"妈妈一边抱怨着一边去擦拭地上、桌子上的污渍。盆子里的油还有些烫，妈妈决定先去找这个熊孩子，回来的时候再把油灌到油罐里。

很快，妈妈把雷雷揪了回来，不过雷雷一路上都坚持不认错，妈妈有点怀疑自己的判断了，难道自己真的冤枉孩子了吗？妈妈决定先去收拾桌子，然后再好好和雷雷谈谈。等到妈妈到厨房的时候，她惊讶地发现，桌子上和地上又是一层油，妈妈下意识地端起盆子，发现盆底裂了一条小缝，盆子里的油正从缝隙里渗出来。妈妈这才意识到是自己错怪了孩子。该不该跟孩子认错呢？妈妈在厨房徘徊了好半天，最后终于鼓起勇气推开了孩子房间的门。

"雷雷，妈妈跟你说个事儿，希望你能原谅妈妈。"妈妈态度十分诚恳。

"嗯，您说吧。"雷雷还为刚才的事生气呢。

"刚才是妈妈不对，妈妈错怪你了，油是从盆底的裂缝渗出来的，不是你不小心碰的。"妈妈想把自己的错误解释得清楚些。

听妈妈这么说，雷雷突然大声哭了起来，比刚才还委屈，妈妈赶紧说："雷雷，是妈妈不对，妈妈向你保证，以后不管遇到什么事情一定会先调查清楚。"

"嗯。"雷雷哽咽着点了点头。

至此，这场误会终于解开，雷雷原谅了妈妈。

妈妈的释疑站

谈到向孩子认错，有些家长会摇头，什么？家长还要向孩子认错？确实，"人非圣贤，孰能无过"，孩子会犯错，家长也会犯错，我们要求孩子在犯错后承认错误，自然也应该以同样的约束要求自己，这样才能为孩子树立一个好的榜样。就像案例中的雷雷妈妈一样，当发现自己错怪雷雷撒谎的时候，及时向孩子认了错，最后误会消除，

重新建立起母子之间的信任感，相信以后妈妈不会随便冤枉孩子，孩子也会对妈妈多一份信任。

相信很多家长在向孩子认错的时候都放不下架子，拉不下脸来。其实作为家长的你应该认识到，自己向孩子认错其实也是在给孩子做良好的示范，是在教育孩子。如果家长做错了事及时道歉，不但有利于稳固、改善与孩子之间的亲子关系，而且能提高家长的权威，让孩子学习主动认错的好品质。这样，当孩子以后撒了谎的时候，就会主动向家长或其他伤害到的人道歉，并且承担相应的责任。

相信有了这样的意识，作为家长的你，如果犯了错，一定会及时承认错误，做一个勇于认错的好家长。

妈妈的智慧锦囊

当然，向孩子承认错误是不容易的，这其中既需要一些勇气，也需要一些技巧。刚才我们已经为妈妈们加油打气了，现在我们来讲解一些小技巧。

首先，要有道歉的态度。试想，如果你绷着脸，居高临下，冷冰冰地、轻描淡写地向孩子说一句"对不起"，孩子会原谅你吗？显然不会。所以说，向孩子认错，态度很重要，要有道歉的态度。比如家长可以试着蹲下来，以诚恳的态度，心平气和地和孩子解释自己哪里做错了，跟他说"对不起"，并表示希望得到他的原谅。但是也要注意，家长不能因为孩子的情绪波动很大，心疼孩子就一个劲儿地给孩子道歉，道歉也要有原则，也应该点到为止，否则，家长的威信很容易丧失。

其次，道歉要及时。很多家长自己做错事后因为拉不下面子，喜欢用冷处理的方式，希望孩子慢慢淡忘此事，或是等到事情过去半天了才去跟孩子道歉。其实这样的做法是不可取的，因为这时已经给孩子造成了伤害，再去解释，一方面显得自己没诚意，另一方面虽然能缓解孩子的一些伤痛，但是留下的伤疤是不容易抚平的。因此，家长做错事后要记得及时道歉。如果道歉不及时，只会徒增与孩子之间的隔阂。家长如果错怪了孩子，或者因故没有兑现承诺，就不要拖延，要及时道歉。因为人很容易淡忘他人对自己的关爱，却很难忘记他人对自己的伤害。

最后，注意道歉时的一些方法。比如，在道歉的时候要先说"对不起"，然后再解释原因，这样道歉的效果会好很多。再比如，对于年龄比较小的孩子，家长不用讲太多的道理，只要用具体的行动、表情或者语言让孩子知道家长做错了事情，再向他表示歉意就可以了。而对于年龄较大的孩子，家长在向他道歉的时候，一定要说出自己哪里做错了，并且告诉他们原因。

莫用撒谎的态度教育孩子不说谎

家长是孩子的言行指示器，家长的一言一行都对孩子有着重要的潜移默化的作用。因此，家长要特别注意自己的言行，尤其在教育撒谎的孩子的时候，一定要端正态度，以诚恳、认真的态度教育孩子，而不能以撒谎的态度和方式教孩子不说谎。

落落的长鼻子

妈妈逛古玩市场的时候买回一个漂亮的玛瑙手镯，把它放在梳妆台上的一个小盒子里。有一次，落落打开盒子，好奇地把手镯戴在了自己的胳膊上，但是一不小心，手镯掉到地上摔成了两半，落落很害怕，急忙把手镯拼好放回了盒子里。

拼在一起的玛瑙手镯看起来是一个完好无损的镯子，不过当妈妈去拿手镯的时候只拿起了一半，另一半静静地躺在盒子里。妈妈想，这一定是落落的杰作，因为落落爸爸对自己梳妆台上的东西丝毫不感兴趣。想到这里，妈妈去找早已逃之夭夭的落落。

通常落落在犯了错的时候总是会躲在一些自认为妈妈看不见的地方，比如门后面、沙发后面、柜子里等地方都是落落的避难所，今天妈妈在沙发后面找到了正在玩积木的落落。

"落落，你是不是动妈妈梳妆台上的盒子了？"妈妈问。

"没，没有。"落落心不在焉地搭着积木。

"那你知道是谁把妈妈的手镯弄断的吗？"妈妈希望落落承认错误。

"不知道，不是我。"落落却想把谎言坚持到底。

妈妈欲言又止，没有再继续追问下去，落落终于松了一口气，但是内心还是有点小小的不安，以至于在和妈妈玩游戏的时候表情有点不自然。不过小孩子终究是小孩子，很快落落就忘掉了刚才的事，投入到游戏当中。忽然，妈妈故作惊讶地指着落落的鼻子说："哎呀，落落，你的鼻子怎么长长了？"落落被妈妈突如其来的动作吓了一跳，赶紧用手捂住自己的鼻子，摸了摸，然后说："妈妈，没有啊。"

"好像有一点点呢，要是长成匹诺曹那样的鼻子，多可怕啊！"妈妈故意说。

落落有点惊恐的样子，不知道怎么办才好。这时妈妈趁机说："说谎的匹诺曹因为撒了谎，所以长了长长的鼻子，不过最后他勇敢地承认了错误，鼻子又恢复了原样。"

"妈妈，我不想要长鼻子"，落落一副楚楚可怜的样子，继续说，"手镯是我不小心弄断的。"

"妈妈，我承认了错误，鼻子不会长长了吧？"落落很认真地问。

"不会了。"妈妈笑着回答。

落落摸了摸自己的鼻子，又跑去照了照镜子，这才放下心来。

妈妈的释疑站

看起来落落妈妈的做法没什么问题，面对撒谎的落落没有发脾气，也没有揪住孩子的错误不放，并且给了孩子思考的时间和机会，而后在游戏中运用匹诺曹长长鼻子的故事让落落承认了错误。

整个过程看似干净利落，但是做法并不妥当，因为落落妈妈是在用一种谎言去揭穿另一种谎言，这种做法本身就不恰当。比如，妈妈对落落说她的鼻子长长了，这本身就是谎言，哪怕这种谎言是善意的，仍然给落落带来了影响，因为对于年幼的落落来说，她并不能很好地分清童话与现实，所以落落怕自己的鼻子像匹诺曹那样变长，表现得有点惊恐。并且，最后落落又是摸自己的鼻子，又是去照镜子，再三确认自己的鼻子不会长长才放下心来。由此可见，这种带有欺骗性质、恐吓性质的教育方式给落落的心灵带来了不小的冲击。

因此，在教育撒谎的孩子的时候，我们要做到诚恳和诚实，不要用撒谎的方式去教育孩子不说谎，以免给孩子的心灵造成伤害。

妈妈的智慧锦囊

撒谎的家长教不出诚实的孩子，在教育孩子的道路上我们应该多一点诚实，少一点谎言，哪怕是善意的谎言也尽量少一点。如果孩子撒了谎，不要心急，不要恐吓孩子。比如，"撒谎的孩子会被大灰狼吃掉""撒谎的孩子鼻子会变长""警察叔叔不但喜欢抓坏人，还喜欢抓说谎的孩子""你再撒谎，我就不要你了"……这些非"科学"的吓唬，实际是大人在说谎，这样做，不仅会给孩子的心灵造成伤害，而且会让孩子形成错误的认知，导致孩子的分辨能力不强，影响孩子对外界事物的探索。

相反，家长可以事后寻找机会，平和友好地询问孩子，比如上面的案例中，妈妈可以和孩子这样说："妈妈知道你好奇盒子里装的是什么，要是妈妈看到一个漂亮的盒子，也会忍不住想打开来瞧一瞧，所以妈妈理解你的好奇心。而且妈妈明白你的小手还不够灵活，有时会不小心把一些东西弄坏，妈妈还经常打碎水杯、盘子呢，所以妈妈也不怪你，只要你如实地和妈妈说，妈妈是不会责怪你的，所以盒子里的手镯是你不小心摔碎的，对不对？"相信通过这样一段入情入理的说辞，孩子一定会向大人坦白实情。

不要随意哄骗、恐吓孩子

在孩子眼里，家长是最值得信赖的，最有权威的，因此，家长千万不要做出一些伤害孩子的举动，譬如随意哄骗、恐吓孩子。

外面有大灰狼和坏人

不知道为什么，最近娜娜和萱萱迷上了找东西，只要是她们能够得着、爬得到的地方，都会被她们洗劫一空。娜娜是姐姐，比萱萱大一岁，娜娜走在前面探路，萱萱跟在后面捡漏，床底下、衣柜里、储物间……房间的任何角落都成了她们的探索领地。通常她们会找到一些陈年旧物，比如少了一只眼睛的比卡丘，一辆没有轮子的玩具汽车，或是一块褪了色、布满灰尘的针织坐垫。有一天，她们在一个老旧的衣橱里发现了一顶扎着蝴蝶结的圆顶礼帽，很明显这是妈妈小时候戴过的帽子。

娜娜先发现了帽子，把帽子戴在了头上，身后的萱萱看到了也要戴，为此两个小家伙吵了起来，继而开始了争夺大战，姐姐娜娜始终占据上风。恰巧这时妈妈经过，听到两个孩子在争吵，她看了看情况，拉着萱萱的手说："走，萱萱，我们不跟姐姐抢，妈妈带你到超市买更漂亮的帽子。"听到妈妈这么说，萱萱立刻停止了和姐姐的争吵，姐姐听到妈妈要给妹妹买帽子也闹着要。最后妈妈带她们去了超市，不过并没有给她们买帽子，而是买了一大堆零食，因为妈妈觉得两个小家伙已经有两三顶帽子了，再买实属浪费。两个孩子看到吃的，也忘记了买帽子这件事，妈妈对于自己的巧妙做法很满意。

关于帽子的这件事就这么过去了，可是等到晚上的时候，两个小家伙又因为不知从哪里找到的洋娃娃打了起来，洋娃娃的鼻子没有了，浑身还掉毛，两个小家伙却哭着、抢着不撒手，娜娜抓着洋娃娃的一只手，萱萱抱着洋娃娃的一只脚，谁也不让谁。妈妈看到两个孩子又因为抢东西吵闹，气不打一处来，对两个孩子凶巴巴地说："不要哭了，再哭外面有买小孩的车把你们抓走！"说着妈妈就拉着两个孩子往外面走，娜娜和萱萱一下子不哭了，拼命想要挣脱妈妈的手，快要走到门口的时候，妈妈才松开两个孩子的手。两个小家伙被吓得战战兢兢，洋娃娃的事早已经被她们忘到了九霄云外，取而代之盘旋在她们脑海中的是一辆黑黢黢的专收小孩的车。

从这件事情后，妈妈觉得这样吓唬孩子很管用，于是只要是两个孩子不听话的时候就对她们说"再不听话，大灰狼就会来抓你""坏人专门喜欢抓不听话的孩子"之类的话。两个孩子确实变乖了不少，但是渐渐地，妈妈发现她们很害怕晚上出门。有一次，妈妈要两个孩子

跟她出去倒垃圾，姐妹俩紧紧地抓着妈妈的衣角说："妈妈，外面有抓小孩的坏人和大灰狼。"妈妈这才意识到自己经常哄骗、吓唬孩子的严重性。

妈妈的释疑站

当两个孩子因为争抢帽子发生争吵的时候，妈妈用哄骗的方式解决了问题，尝到了甜头，之后又用欺骗、恐吓的方法解决了两个孩子抢洋娃娃的纷争。经过这两件事，妈妈觉得哄骗、恐吓孩子的方法很有效，于是将其当成了一种常态化的教育手段，最后当孩子紧张地抓着妈妈的衣角说"外面有抓小孩的坏人和大灰狼"时，妈妈才意识到这种教育方式已经对孩子幼小的心灵造成了伤害，给孩子留下了恐怖的阴影。

其实，在日常生活中，很多大人都会用哄骗、恐吓的方式来教育孩子，尤其是当孩子任性、纠缠不休的时候，家长总是以好吃的、好玩的或者是孩子感兴趣的事情来吸引孩子、哄骗孩子，如果孩子不听，进而就会用恐吓的方式吓唬孩子。比如孩子哭闹着要跟妈妈去上班，妈妈会说："宝宝不哭，等妈妈下班回来给你买好吃的。"孩子被美好的愿望所吸引，不哭也不闹了，然而大人根本没把这件事放在心上，也没打算兑现自己的承诺，最后哄骗了孩子。

当然，也有一些孩子不吃家长的这一套，继续大哭，这时家长就会凶巴巴地对孩子说："你再哭，就把你丢到外面让坏人抓走。"孩子听到家长这样说，一下子不哭了，其实他们是被吓到了。

　　不论是哄骗还是恐吓孩子，都带有欺骗的性质，而且孩子善于模仿，家长的一言一行，他们看在眼里，还会记在心上，并且会将其视为自己学习的榜样，逐渐形成撒谎、骗人的毛病。此外，家长的恐吓还会对孩子的身心健康造成伤害。因此，在教育孩子的过程中，家长一定要谨记：不要随意哄骗、恐吓孩子。

妈妈的智慧锦囊

　　在教育孩子时，家长要慎用"谎言"这种教育方式，如果经常哄骗、恐吓孩子，很可能会给孩子的心灵蒙上一层阴影，造成不可弥补的伤害。那么，面对孩子的任性、纠缠，甚至无理取闹等情况时，我们应该怎么办呢？其实不管遇到什么情况，只要坚持正面教育，然后再佐以劝慰、说服、鼓励、转移注意力、冷处理等方法就能解决问题。

态度很重要，慎用善意的谎言

从孩子出生到长大，不论是有意还是无意，家长都对孩子说过一些谎言。有些谎言对孩子来说没什么影响，有的则会让孩子纯净的心灵受到污染，即使有时说的是善意的谎言，但是我们还是欺骗了孩子。

孩子的内心是简单、纯洁的，在孩子的眼中，家长是最亲近、最值得信任的人，因此，在教育孩子的过程中，态度很重要，我们一定要尽量避免在孩子面前撒谎，即使是善意的谎言，也要慎重使用，甚至一些特殊的善意的谎言最好不要使用。

电动平衡车风波

君君妈妈上班的地方离家不远，开车不划算，骑单车嫌麻烦，于是妈妈买了一辆电动平衡车，没想到君君吵着闹着也要玩。妈妈跟他解释，这车子不是玩具，是代步工具，可是在君君眼里，这就是一个玩具，无奈，妈妈受不了儿子的软磨硬泡，最后给君君买了一辆儿童版的电动平衡车（附送一套儿童护具）。不过为了安全，妈妈规定，君君不能把车"开"上公路。

过了些日子，平衡车带来的新鲜感很快消失了，君君把车子随便扔到了房间的角落里，偶尔拿出来玩一下。这天，姨妈带着4岁的儿子维维来家里做客，君君拿出他的平衡车炫耀了一番，没想到维维爱不释手，玩得不肯撒手。妈妈想反正儿子对平衡车的新鲜劲儿已经过了，就想让儿子把电动平衡车送给小弟弟。

面对妈妈的提议，君君噘着小嘴不同意："这是我的车，才不要给别人。"

"反正你都不怎么喜欢玩了，送给小弟弟，小弟弟有了新奇的玩具也会送给你。"妈妈试着做君君的思想工作。

"不给，不给！"君君倔强得很，维维则是哭着闹着要，怎么哄也不管用，维维妈妈说回家也给他买，但是维维说："我就要这个！"妈妈把君君带到卧室，和蔼地对儿子说："你还记得刚才吃饭的时候，小弟弟总是打喷嚏吗？那是他感冒了，这几天都不能出去玩，你想想，他一个人待在家里多无聊啊，咱们把车借给他，等到他病好了就还回来了。"

"好吧，那就借给他。"听到妈妈这么说，君君犹豫了一下，点了点头。就这样，君君把电动车借给了维维。并且在临走的时候，君君还慷慨地对维维说："你拿去玩吧，送给你了。"维维很开心，妈妈觉得这件事情解决得很圆满，但是几天之后的事，让妈妈倍感尴尬。

那天，妈妈带着君君去姐姐家玩耍，君君看到维维在自己的平衡车上玩得很开心，就想要回平衡车，维维当然不肯给。两个小家伙一言不合吵了起来。

"这是我的车，你生病了我才借给你的，等你病好了就应该还给我！"

"你说送给我了，就是我的车。"维维也不甘示弱。

"不管，那是因为你生病我才那么说的。"

"你才生病了，妈妈，小哥哥抢我的车还说我有病！"维维哭着向妈妈告状。

"妈妈，是因为小弟弟生病我才这么说的，您不是说他病好了就会把平衡车还给我吗？"君君也很委屈地问自己的妈妈。

君君妈妈真的很尴尬，不知道该怎么向两个孩子解释，这一切都是因为自己编了一个善意的谎言。

妈妈的释疑站

妈妈向君君撒谎的本意是好的，想解决两个孩子的纷争，但是当善意的谎言被揭穿的时候也带来了尴尬，毕竟妈妈向孩子撒了谎，怎样向孩子解释是一个问题，孩子会不会就此失去对自己的信任？而且怎样化解当下的尴尬也是一个问题。总之，一个不经意的善意的谎言，为君君妈妈带来了很大的烦恼。

有些妈妈会就此产生疑问，难道我们不能向孩子说一些善意的谎言吗？当然能，只不过虽然善意的谎言是出于对孩子的关爱，但是谁又能保证每一次谎言包裹下的善意和关心都能被孩子接受呢？而且，我们来想象一下，如果孩子发现自己最信任、最依赖的家长骗了自己，即使他明白妈妈是出于好意，也仍然会伤心、失望吧。

孩子的童年时期是建立安全感和信任感的时期，如果在这个时期，孩子和家长之间的信任被谎言打破，那么很可能对孩子的世界观产生巨大的影响，从而引发各种撒谎的行为，比如欺骗他人、在考试中作弊等等。

因此，对于善意的谎言，我们的态度应该是慎重的，表现在行为上应该是慎用善意的谎言，一些常见的善意的谎言，最好不要说。

妈妈的智慧锦囊

善意的谎言是一把双刃剑，运用得好，会抚慰孩子的心灵，运用得不好则会彻底伤到孩子的心。我们现在不谈怎样运用善意的谎言的问题，而是谈谈哪些善意的谎言不应该说。因为相对于前者来说，后者是现在很多父母身上存在的问题，也是急需解决的问题。那么，哪些善意的谎言家长不应该说呢？

1. 知识型的谎言不该说

孩子的成长过程也是不断认知世界的过程，在这个过程中，孩子经常会问家长一些稀奇古怪的问题，比如孩子会经常问："妈妈，我是从哪里来的？"有些家长会开玩笑说"捡来的""抱来的"。这便是知识型的谎言。类似这样的谎言会让孩子产生较多猜测，给孩子带来不安全感。因此面对这类问题的最好方法是根据孩子的年龄适当普及一

些常识。

2. 吓唬型的谎言不该说

晚上很晚了，孩子不睡觉，家长说，"再不睡，大鬼小鬼就来抓你了"；孩子哭闹，家长说，"不许哭，再哭大灰狼就要来了"；孩子吵着要玩具，家长说，"坏人就喜欢抓吵闹的小孩儿"……这些吓唬型的谎言，家长不要说，以免对孩子的认知产生影响，以及影响孩子的心理健康。

3. 情感型的谎言不该说

我们经常听到有些家长这样说，"再哭妈妈就不爱你了""再闹就把你送人"……类似这样的谎话看似是关心教育孩子，但是却会增加孩子不良情绪的积累，甚至加剧孩子内心的焦虑感和不安全感，因此这类谎言，家长最好不要说。

第四章

恰当引导，给撒谎的孩子以正面教育

　　如果某一天，你突然发现从来不撒谎的孩子对你撒谎了，你会怎么办？是耐下性子慢慢引导他，还是指责、打骂，给他一次严厉的教训？这其中就涉及教育方式的问题，现在已经不是"棍棒底下出孝子"的时代，当孩子撒谎的时候，我们不要采取打骂式的教育，而是应该学会恰当引导，给孩子以正面教育。

少一点惩罚,多一点正面引导

在孩子成长的过程中,他们不可避免地要撒一些小谎,无论这些谎言是有意的还是无意的都会给你带来烦恼。现在请你回想一下,在处理孩子的撒谎问题的时候,你是惩罚多一点呢,还是正面教育多一点?

当然,不同的家长有不同的见解,大多数家长在教子问题上有更深刻的认识,主张正面教育,不过不能否认的是,仍然有很多家长会使用惩罚的教育方式,即每当孩子有撒谎的行为的时候,总是一副严肃认真的样子,对孩子施行惩罚教育,恨不得孩子立马变得诚实,对此这些家长有自己的理由:不希望自己的孩子变成一个撒谎的小鬼。

对于这一点,我们也相当理解,然而,加拿大麦吉尔大学的研究人员通过一项研究表明,家长用惩罚、威胁的方式教导孩子,并不能阻止孩子的撒谎行为,反而会增加孩子撒谎的可能性,而给予孩子积极的引导,则更容易让孩子说实话。

　　研究人员找来了一些4~8岁的孩子，让这些孩子分别待在事先准备好的房间里，并告诉他们不能偷看身后桌子上的玩具，每个房间都装有隐藏的摄像机，1分钟后，研究人员返回房间询问孩子们有没有回头偷看玩具。大约有2/3的孩子都撒了谎，说自己没有偷看玩具。

　　然后，实验人员继续进行实验，仍然是1分钟的时间，不过这次实验人员告诉孩子，如果偷看玩具会受到惩罚。这次仍然有很多孩子偷看玩具，但是为了逃避惩罚，更多的孩子选择了撒谎，因此撒谎的比例开始上升。

　　之后，研究人员进行了类似的实验，不过这次研究人员告诉孩子说实话是正确的，而且会得到他人的喜爱。结果孩子们即使有偷看玩具的行为，也会很坦然地说实话，撒谎的比例大幅下降。

　　也就是说，给予孩子积极的引导，不论是内因（说实话是正确的），还是外因（说实话会得到他人的喜爱），都会促使孩子更愿意说实话，而给予孩子惩罚，则会让孩子更偏向于撒谎。因此，对于撒谎的孩子来说，家长要少一点惩罚，多一点正面引导。在接下来的小节中，我们会详细介绍一些正面引导孩子的方法。

将孩子的小聪明引导成大智慧

孩子一天天长大，他们说谎的形式也越来越高级，比如做错事后，为了逃避大人的惩罚，他们会耍一些小聪明来"瞒天过海"；做作业时，为了偷懒，他们会耍一些小聪明来欺骗家长；不想去上学，谎称自己头痛、肚子痛……面对孩子的小聪明，家长该怎么办呢？来看看下面这位妈妈是怎么做的。

背课文风波

申申的语文老师是一位颇具文艺气质的女教师，申申很喜欢她，照申申的话说："语文老师和妈妈一样有气质。"当然，说这句话申申还有小小的私心，那就是希望妈妈在检查自己背诵古诗或是课文的时候宽松一点，画上一个笑脸。（语文老师会经常布置一些背诵性的作业，需要家长检查并给予孩子评价，笑脸表示背诵流畅，微笑表示能背诵下来，哭脸表示背诵不过关。）

小孩子的记忆力很好，只要用点心，一周下来会得到不少笑脸，相应地老师会给予奖励。申申的记忆力随妈妈，背东西特别快，因此，妈妈每次检查申申背课文的时候都很省事、很顺利，申申也自信满满，每周差不多都能得到几支笔或几个本子。

这天，语文老师又布置了背诵作业，这次的课文格外优美，所以有好几段要背诵。吃过饭，申申看了一会儿动画片，就自觉地走进书房背诵课文去了。妈妈在沙发上看新闻联播，不一会儿，申申走了过来，对妈妈说："妈妈，您检查吧，我背好了。"

"这么快，儿子真厉害，比妈妈小时候可强多了。"看着儿子自信的样子，妈妈夸奖道。

"那是，这叫'青出于蓝而胜于蓝'。"儿子得意扬扬地说。

"好了，请开始你的表演。"妈妈见儿子又要吹嘘自己，忙套用一档综艺节目中的一句话让儿子打住。

"好嘞，一身乌黑光亮的羽毛，一对俊俏轻快的翅膀，加上剪刀似的尾巴，凑成了活泼机灵的小燕子……"申申开始背诵了起来。

申申在房间里一边围着妈妈转圈一边背诵，等到背到差不多一半的时候，申申一边背诵一边朝书房里踱步，最后在书房里更加流畅地把剩下的段落"背诵"了下来。妈妈觉得申申跑去书房有猫腻，肯定是偷偷看书去了。确实，这些日子申申的背诵任务完成得太过顺利了，有必要敲一敲他翘起的小尾巴了，妈妈这样想。

申申背诵完后，故作镇定地走到妈妈面前，对妈妈说："妈妈，我背完了。"

看着孩子不仅耍小聪明还撒上谎了，妈妈觉得事情更严重了。她示意申申坐下，突然收起笑容，认真地对申申说："申申，这是你背诵课文最流利的一次，不过这真的是你自己背的吗？"

看着妈妈一脸严肃的表情，申申知道事情败露了，马上脸红了，低着头向妈妈承认了错误："妈妈，课文有点长，我没背下来，刚才是看着书读的。"

"你记得妈妈给你讲过'掩耳盗铃'的故事吧？你刚才做的就是掩耳盗铃的傻事，你以为你撒谎就能骗得了妈妈吗？"

听着妈妈严厉的教导，申申低着头不敢说话。

"现在知道错了吗？"妈妈问。

"知道了。"

"那以后怎么办？"

"以后认真背课文，再也不掩耳盗铃，不撒谎了。"

"嗯，这样的认错态度妈妈还是很高兴的，不过既然做错了事就要接受惩罚，这样吧，你先去把背诵的段落重新背过，背完妈妈再检查，然后你要把背诵的段落抄写一遍，你看怎么样？"

"嗯，好。"申申欣然接受了妈妈的建议，去背课文去了。

从此以后，让妈妈欣慰的是，在申申的身上，再也没有发生过类似的偷懒、撒谎事件。

妈妈的释疑站

我们都希望我们的孩子诚实，但是再诚实的孩子也会偶尔犯糊涂，会耍一些小聪明，撒一些谎，就像申申那样，为了偷懒，照着书读课文，却谎称是自己背诵的。其实，孩子的这种耍小聪明的行为在日常生活中不胜枚举，比如有的孩子为了不去幼儿园，谎称肚子疼；有的孩子为了骗妈妈多给他吃一个冰激凌，说爸爸一直都给买两个；有的孩子为了偷懒，把玩具、衣物一股脑塞到柜子里，谎称自己收拾好了……面对孩子的这些小聪明，家长又好气又好笑，同时也有些担心，怕当面拆穿孩子的小伎俩会让孩子难堪，又怕听之任之让孩子变得不诚实，养成撒谎的习惯。

其实，孩子耍小聪明的时候正是教育孩子的契机，只要家长对孩子进行正面教育，积极引导他，让他明白诚实的行为是可贵的，撒谎的行为是不可取的，就可以将孩子的小聪明引导成大智慧。

妈妈的智慧锦囊

孩子的撒谎行为不可怕，但家长的应对态度十分重要，当孩子有耍小聪明（指撒谎）行为的时候，家长要用正确的方式将其引导成大智慧。具体来说该怎么做呢？

首先，当孩子耍偷懒型的小聪明的时候，家长要明确告诉孩子，这样的行为其实并不聪明，只不过是掩耳盗铃罢了（可以给孩子讲讲

"掩耳盗铃"的故事），并且还要告诉孩子做人要诚实，要脚踏实地，不能投机取巧的道理，当然有时候适当的惩罚也必不可少。

其次，对于逃避惩罚型的小聪明，家长要正面指出孩子的错误，比如可以循循善诱，耐心地教导，用一些形象生动的例子来告诉孩子撒谎是一种不良的行为，并鼓励、帮助孩子改正。

最后，对于钻空子型的小聪明，家长要注意教育孩子的态度和方式，反思自己是否在平时对孩子太过溺爱、放纵，对孩子的错误过于袒护、包庇，让孩子钻了空子。

孩子第一次说谎：耐下性子，慢慢引导

如果有一天，你的孩子突然对你撒了谎，并且被你一眼识破，你会怎么办呢？立刻火冒三丈，请他吃一顿"教育大餐"，还是耐下性子，慢慢引导？其实，相比于劈头盖脸式的教育，我更倾向于对孩子进行软教育，即耐下性子，慢慢引导，最终让孩子明晓事理，得到智慧的启迪。

化掉的冰淇淋

夕阳掠过树梢，正在沉沉地下坠，柏油马路上沥青的味道稍微消散了些，但是一阵阵热浪还是让妈妈的单车走得异常困难。妈妈刚下班，顺路去接璐璐回家。远远地，妈妈看见璐璐在跟自己招手，十分兴奋的样子，妈妈推着车子走过去，把璐璐的书包放到车筐里，但是璐璐又拿了出来，还对着妈妈"呵呵呵"傻笑，像是有什么话要说，但是又有点犹豫。

　　果然,等走到人群稀少的地方,璐璐从书包里掏出一盒黄色包装的冰淇淋,一边递给妈妈,一边很开心地对妈妈说:"妈妈,刚才放学的时候有同学送了我一盒冰淇淋。"妈妈心里嘀咕:怎么会有同学这时候送人冰淇淋吃?不过妈妈还是接过冰淇淋,笑着说:"是吗,哪位同学送的?妈妈认识吗?"

　　"就是……就是坐在我旁边的胖胖,妈妈您认识吧?"璐璐"就是"了半天,说出了一个妈妈根本不知道的小朋友的名字。

　　"胖胖?是你给人家取的外号吗?我怎么记得你旁边的是一个叫……珍珍的小朋友?"

　　"不是,不是,我有两个旁边,一个叫胖胖,大家都这么叫他,一个是珍珍。"璐璐有点紧张,极力解释。

　　"那妈妈下次见到了一定要好好感谢一下他。"妈妈看着璐璐的眼睛说。

　　"嗯……"璐璐有些担心,不敢去看妈妈的眼睛,转而去看路旁的树木。

　　妈妈将璐璐的这些小动作都看在了眼里,妈妈觉得这盒冰淇淋并不简单,璐璐一定有事瞒着自己。想到这里,妈妈停下车子,指着手里的冰淇淋和颜悦色地问:"璐璐,告诉妈妈,这盒冰淇淋真是胖胖送的吗?还是你自己买的?"

　　"对不起,妈妈,我撒谎了。"迟疑了几秒钟,璐璐红着脸说出了这几个字。

　　听到"撒谎"两个字,妈妈很生气,因为这是妈妈第一次听到璐璐编出这么完整的谎言，而且还是她亲口讲出来的。妈妈很想批评她几句，可是看了看还没打开包装的冰淇淋，再看看璐璐红着脸羞愧的表情，妈妈决定还是耐下性子来慢慢引导她。

"告诉妈妈这是怎么回事？"

"刚才胖胖拉着我去买冰淇淋，我也很想吃，就买了。"

"那为什么买了没吃呢？"妈妈打开冰淇淋的盖子，发现里面的冰淇淋已经化掉了。

"是……是因为您说吃冰淇淋要经过您的允许，怕我吃多了肚子痛。"

妈妈这才想起了自己曾经和璐璐的约定：不管是在哪里吃冰淇淋，一定要经过自己的允许，不能随便乱吃。想到这里，妈妈心里有点难受，心想幸亏刚才没发脾气骂孩子，否则现在听璐璐这么说心里更难受。

"所以你就一直把冰淇淋放在书包里，怕妈妈骂你，就说成是胖胖送的？"妈妈试着替璐璐说出撒谎的理由。

"嗯，对不起，妈妈我以后不撒谎了。"璐璐点点头，有点失落的样子。

"嗯，妈妈知道了，你先在这里等一下。"妈妈把车子停好，走到马路对面，买了一盒一模一样的冰淇淋递给璐璐说："刚才那盒冰淇淋已经化掉了，你吃这一盒，妈妈吃那一盒。"

璐璐诧异地接过妈妈手里的冰淇淋，不知道妈妈为什么不仅没有怪自己，而且还给自己买了一盒冰淇淋。

看着璐璐一脸疑惑的表情，妈妈解释道："妈妈给你买这盒冰淇淋是因为你能遵守与妈妈的约定，同时妈妈希望下次的时候，不论你有什么事情，一定要诚实地跟妈妈讲，哪怕是错误的事也不要隐瞒。"

"嗯，谢谢妈妈。"听到妈妈这么说，璐璐开心地点点头，爽快地答应了妈妈的要求。

妈妈的释疑站

我们有理由相信璐璐妈妈是一位智慧的妈妈，因为她在面对孩子第一次撒谎时并没有采取极端的措施，例如训斥，甚至打骂之类的做法，而是耐住性子，给予孩子正面引导，一步步地让孩子说出了事实，并且最后还以奖励的方式教育了孩子，可以说是智慧妈妈的典范。

其实，当我们第一次听到自己的孩子撒谎的时候，内心必然是愤怒的，同时还有一丝担忧，为什么这么说呢？这是因为我们从小就教育孩子诚实，面对孩子突如其来的谎话，我们的内心是反抗的，是不能接受的，因此必然会产生一些消极情绪，譬如生气、愤怒等等，于是我们就会看到一些家长在听到孩子第一次撒谎时控制不住自己的情绪，会打骂孩子。我们知道，对于孩子的每一个第一次，我们都必须谨慎对待，孩子的第一次偷东西、第一次骂人、第一次顶嘴……第一次撒谎也是一样，我们很怕处理不好，让孩子养成撒谎的习惯，因此我们的心情是惴惴不安的。所以更多时候我们小心翼翼，不知该怎么应对孩子的第一次撒谎。

由此看来，怎样去正确地应对孩子的第一次撒谎是值得所有家长注意的问题。

妈妈的智慧锦囊

在孩子的漫漫成长路上，不可避免地会犯一些错误，但是打骂绝不是解决问题的唯一方式，撒谎也是一样。那么面对孩子第一次撒谎，家长应该怎么办呢？

首先，家长不要有过激的反应，要耐住性子。对于孩子的第一次撒谎这件事，不要将其视为一件天大的事，要知道，孩子撒谎是其成长过程中的正常现象，发现孩子撒谎是迟早的事，家长要做的是了解孩子撒谎的原因，比如温和地询问是否在撒谎，以及为什么要撒谎，唯有了解清楚原因才能对症下药。

其次，运用一些技巧，慢慢引导，让孩子说实话。孩子很可能因为怕责罚不说实话，这时不要着急，你可以故意装作不知道的样子，然后微笑着问他："真的是这样吗？"孩子一般会回答"是"，听到孩子这样的回答不要气馁，可以再重复一两次你的问题，注意这时表情应该稍微严肃一点了，如果孩子仍然不认错，你可以板起脸来说："没关系，只要你说实话，妈妈就原谅你。"听到你这样说，孩子通常会讲实话。接下来你要告诉他："好，妈妈很高兴你勇敢地承认了自己的错误，妈妈说到做到，妈妈原谅你了。不过妈妈希望你以后无论遇到什么事都能像今天这样坦诚，不要撒谎。"相信通过这样的教导，孩

子一定会把你的话记在心里。

　　总之，面对孩子的第一次撒谎，家长切不可心急，也不要乱发脾气，而是应该耐下性子，一步步引导孩子，这样才能让孩子接受你的教导，认识到自己的错误。

给撒谎的孩子一些尊重

人的内心里都渴望得到他人的尊重，不仅大人如此，小孩子也是一样。虽然很多家长明白这个道理，可是等到孩子犯了错的时候就会忘掉它而依然故我。其实，爱孩子，尊重孩子，就是要接纳和理解孩子的一切行为，包括孩子的撒谎行为。

撒谎那件小事

在翠翠上五年级的时候，为了给孩子更好的教育，翠翠一家人从乡下搬到了市里。翠翠之前的学习成绩一直都是名列前茅，也许是因为到了大城市被繁华所吸引，翠翠变得贪玩起来，等到期中考试成绩出来的时候，翠翠的成绩只排在中游。想着爸爸妈妈辛辛苦苦为了自己到城市来安家，翠翠觉得好愧疚。为了不让爸爸妈妈失望，她决定撒一个小谎。

回到家，妈妈正在厨房里忙碌，油炸带鱼的香味扑鼻而来，让翠翠的愧疚感不禁多了一分。"妈妈，考试成绩出来了！"翠翠朝着厨房喊。

"哦，怎么样？"妈妈翻了一下锅底随口问。

"还不错，班级第五名。"翠翠把书包胡乱地丢到沙发上，看着电视发呆。

"是吗？我就说我女儿最棒了，到哪里都一样。"妈妈开心地回应着。

"来，先吃饭，妈妈给你做了你最爱吃的带鱼。"妈妈端着炸好的带鱼出来了。

看到妈妈这么高兴，翠翠也开心起来。原来让大人高兴，只需要一句简单的谎言就够了，而且还保住了自己的面子，翠翠为自己的小聪明感到得意。

但是谎言终究是谎言，禁不住时间的拷问。一天妈妈路过学校，问了女儿的学习情况，才知道翠翠撒了谎。妈妈很生气，但是生气归生气，想想怎样教育孩子才是最重要的。回到家后，妈妈把翠翠叫到身边小声说："翠翠，妈妈今天去学校了。"翠翠脑袋"嗡"的一声，知道自己撒谎的事败露了。

"你前几天考试并没有考第五名，对吗？"妈妈温和地问。

翠翠不敢抬头看母亲，只是轻轻地点了点头。翠翠现在心里很乱，心想这下可完了，以后大家都知道我是个撒谎的孩子了。但是让翠翠意外的是，她想象的狂风暴雨并没有来临，妈妈只是抚摸着翠翠，轻声说："你刚转学过来，需要一段时间适应，妈妈知道你撒谎是怕我们担心，妈妈能理解你，但是妈妈更希望你能如实和我们讲，而不要撒谎。况且，妈妈相信你是最棒的，一定能很快适应这里的学习生活。"

妈妈温暖的声音回荡在翠翠耳旁，翠翠在妈妈的温柔细语中泪如雨下。妈妈把女儿揽在怀里，继续说："这件事是我们两个人之间的秘密，妈妈不会告诉爸爸，也不会和你的班主任讲，所以你只要安心地学习就好了。"翠翠紧紧地抱着母亲，泣不成声。

这件小事以后，翠翠再也没有因为学习上的事和爸爸妈妈撒谎。期末的时候，翠翠终于迎头赶上，拿到了第三名的好成绩。

妈妈的释疑站

案例中的翠翠是一个爱面子，很有自尊心的孩子，因此，面对相对糟糕的考试成绩，翠翠选择了撒谎、隐瞒，但是纸终究包不住火，很快妈妈知道了翠翠是在撒谎。不过对于孩子的撒谎行为，妈妈给予了极大的尊重，她并没有训斥孩子，而是试着理解孩子的难处，接纳了孩子的撒谎行为，并给予孩子鼓励，最后，还向孩子承诺这件事情是属于母女之间的秘密，不会告诉他人，从这一点来说，更体现了大人对孩子的尊重。

这里，我们多次谈到的一个词是"尊重"，撒谎的孩子也需要尊重吗？是的，孩子虽然年幼，却也是有着独立人格的自然人，因此，对于撒谎的孩子，我们也应该给予他足够的尊重，这样才能建立起和孩子之间那座信任的桥梁。

把孩子当成一个平等的人来尊重，与孩子成为朋友，建立相互信任的关系，这是家长与孩子相处过程中需要做的事，而对于孩子的撒谎行为，家长也需要以一种尊重的态度去处理、去看待。

比如，在处理方式上，要给孩子解释的权利和机会，要以"动之以情，晓之以理"的方法来引导孩子，而不能随便对孩子进行打骂教育；要适当给孩子留一点面子，不鲁莽地戳穿孩子的撒谎行为，不在他人面前随意揭孩子的短；学会接纳孩子的错误，给孩子多一点包容，给孩子改正错误的机会；等等。

总之，家长要给撒谎的孩子多一些尊重，耐心地指出孩子的错误，避免孩子以后再犯，这比一味地发火、生气强得多。

矫正孩子的作弊、撒谎行为

考试中作弊，考试后撒谎，这是孩子学习过程中很常见的问题，也是让家长十分头痛的问题。其实，孩子不会无缘无故作弊、撒谎，孩子撒谎往往是因为家长管教太过严格，孩子为了逃避责备、惩罚之苦，才出此下策。因此，帮孩子矫正作弊、撒谎的坏习惯，家长必须了解原因，对症下药。

默写那件小事

俗话说"严父出孝子"，一般来说，在家庭生活中父亲是较为严厉的，而母亲通常较为温和，但是在超超家里正好相反，父亲平时总是乐呵呵的，从来不对超超发脾气，而妈妈对超超却要求十分严格，尤其在学习上，从来不马虎。

今天超超在学校学习了《锄禾》这首诗，诗文要求会背诵、会默写。晚饭后，妈妈指导超超学习，让他默写《锄禾》。超超背诵了几遍，信誓旦旦地合上书本开始写"锄禾日当午，汗滴禾下土"，等写到"谁知盘中餐"的"餐"字的时候停在了那里，他忘记了"餐"字怎么写，挠挠头，回头看看妈妈。

"怎么了？"妈妈问。

"没，没事。"

妈妈摇摇头，继续翻看超超的数学作业。

超超小心翼翼地往前挪了挪凳子，身子向前靠，努力地把本子遮住，然后向后翻了一页，只见本子上赫然写着"锄""餐"两个字，原来超超怕默写的时候这两个字不会写，在本子上打了小抄！很快，在小抄的帮助下，超超默写完了整首诗。

"妈妈，我默写好了。"超超一脸得意地把本子递给妈妈。

"这么快？我看看，锄禾日当午……嗯，这次有进步，不仅写对了，写得还很工整。"妈妈认真地检查了一遍，夸奖了超超。妈妈正准备把本子还给超超，看到本子的页脚卷了起来，妈妈顺手一翻，赫然看见了超超的小抄，再看看前一页"餐"字有涂改的痕迹，妈妈瞬间火冒三丈！

"你给我写个'餐'字！"妈妈翻开本子的空白处命令道。

超超有点害怕，心想难道是发现自己作弊了？超超来不及多想，接过本子，扭捏了半天却写不出来，因为刚才只顾着照着抄，根本没记住怎么写。

"怎么不会写了？"妈妈质问道。

超超低着头抠着手指不说话。

"好呀，不光学会作弊了，还对我撒谎。"妈妈生气极了，对着超超就是一顿教训，"你说，是不是在学校也是这么作弊的？我说上次你语文怎么考那么好，原来有这本事……"听到妈妈这么说，超超又羞又愧，哭着跑出了家门。

妈妈的释疑站

很多孩子都有过作弊的经历，无论是在学习（比如考试）上，还是在日常生活中的一些小事上，而且孩子的作弊行为往往还伴随着撒谎行为的产生，就像我们在案例中看到的，超超在默写诗句的过程中看了本子上的小抄，却对妈妈说是自己默写的。我们说超超的行为固然不对，但是超超妈妈的反应也实在有些偏激，一顿数落让孩子羞愧难当，最后孩子哭着跑了出去，这样的教导方式不仅没有效果，而且还会深深刺痛孩子的心。

其实，当孩子犯了错或是做出一些让家长难以接受的行为的时候，家长控制不住自己的情绪，不去了解孩子行为背后的原因就对其进行训斥甚至嘲讽，这是非常不明智的，也是不可取的。就像在案例中看到的那样，我们应该想一想，为什么超超会作弊，要对妈妈撒谎，是不是因为妈妈对超超太严格了？超超一直想要在妈妈面前好好表现自己，同时又怕自己默写不好受到妈妈的责备，于是选择了作弊，选择了撒谎。经过这样分析，我们就会明白，孩子作弊、撒谎是有原因的，我们应该从原因入手去引导孩子，让他们明白道理，改正不好的行为。

没有无缘无故的作弊或撒谎行为，孩子之所以这么做，都是有原因的，家长唯有了解这些原因，才能对症下药，矫正孩子的不良行为。

比如，有些孩子撒谎或者是作弊，很大程度上源于大人过高的期望。就拿考试这件事来说，一方面孩子希望得到家长的认可和表扬，另一方面，孩子又怕家长得知自己糟糕的考试成绩时会责罚自己，因此，他们会在考试中作弊，或是在考试后撒谎，他们认为只有这样才能达到家长对自己过高的期望。其实，只要我们稍稍降低对孩子的期望，给孩子一个客观的期望值，就能在很大程度上避免孩子的作弊或撒谎行为。

再比如，一些家长总喜欢给孩子制定一些过高的目标，并承诺如果孩子达到目标就给孩子相应的奖励。例如，孩子的数学成绩一直不好，家长为了鼓励孩子，就对孩子说："如果你这次能考90分，就带你去旅游。"面对巨大的诱惑，孩子即使没有考好，也会撒谎或是欺骗家长，于是就出现了谎报成绩或是改成绩的行为。因此，家长在给孩子设定目标的时候要注意两点：其一，目标要切合实际，根据孩子的能力来设定，不宜过高；其二，目标的奖励不要太物质化，只要抓住孩子的心理，设定一些恰到好处的奖励即可。

当然，在发现孩子的作弊或撒谎行为后，家长要耐心地教导，而不要一味地冲着孩子发脾气，要相信智慧的力量胜过粗鲁的教导。

根据孩子的撒谎程度因材施教

一把钥匙只能开一把锁，只有适合孩子的教育方法才是最有效的。教育撒谎的孩子也是同样的道理，面对孩子不同程度的撒谎情况，我们不能千篇一律地对待，而是应该根据不同情形因材施教。

书里的小镜子

在妈妈的梳妆台上有一块大镜子，不过妈妈用得最多的还是装在包里面的小镜子，尤其是上班之前和下班之后，妈妈总喜欢对着小镜子，东抹抹、西看看，菁菁在一旁静静地看着，觉得那是一面神奇的镜子。

一天，妈妈下班后，在梳妆台上忙乎了半天，随手把小镜子放到了桌子上，就去忙家务了。菁菁轻轻地走过去，学着妈妈的样子拿起小镜子东抹一下、西看一下，不料没拿稳，小镜子掉到了地上，菁菁赶紧捡起来，幸好因为有镜框，镜子没有碎裂开，不过还是有一道很明显的裂纹，怎么办？要告诉妈妈吗？菁菁想了半天，最后把小镜子藏到了一本书里。

收拾完家务，妈妈回到梳妆台，却没有找到自己的小镜子。

"菁菁，你看到妈妈的小镜子了吗？"妈妈问菁菁。

"没有呀，小镜子不见了？"菁菁撒了一个谎。

"对呀，刚才还在桌子上呢，怎么一转眼就不见了，难道是我放错地方了？"妈妈一边找一边嘀咕。

"妈妈，我来帮您找。"看到妈妈着急的样子，菁菁这样说。

于是，母女俩开始在卧室里"扫荡"，抽屉里、床上、包包里……找了半天，还是没有找到。

"妈妈，您看看在不在那本书里面。"菁菁指着一本书说。

"镜子又没长脚丫，怎么会跑到书里呢？"妈妈笑笑，继续找她的小镜子。

"您看一下。"菁菁仍然坚持。

妈妈觉得菁菁的话有猫腻，于是照着菁菁指的方向翻开了书，果然，妈妈的小镜子正伤痕累累地躺在那里。一瞬间，妈妈就明白是怎么回事了。不过看来，菁菁的撒谎问题还没上升到要对她进行批评教育的程度，因为妈妈看到了菁菁的善良。那么该怎么教育她合适呢？妈妈想了一下，转身对有点紧张、等着接受妈妈批评的菁菁说："菁菁，你真厉害，妈妈找不到的东西你居然帮忙找着了。"

菁菁没想到妈妈会这么说，不知道怎么回答。

"不过，你是怎么知道小镜子在书里面的呢？"妈妈问。

"我猜的。"菁菁小声说。

"是你不小心打碎了藏进去的吧?"

菁菁红着脸不说话。

"打碎了镜子,怎么不告诉妈妈,而要把它藏起来呢?"

"因为怕妈妈骂我。"

"那今天妈妈骂你了吗?"

"没有。"

"所以呀,你要知道,在任何时候做了错事不要紧,但是一定不能撒谎,妈妈不喜欢撒谎的孩子。"

"嗯,对不起,妈妈,我以后会记住的。"听了妈妈的话,菁菁认真地点了点头。

妈妈的释疑站

菁菁不小心弄坏了妈妈的小镜子,怕妈妈骂自己,把小镜子藏了起来,并对妈妈撒了谎。但是菁菁在看到妈妈着急的样子后也有点着急,于是脱口而出"妈妈,我来帮您找"。后来,在菁菁的指引下,妈妈终于找到了小镜子。在这个过程中,我们看到了菁菁的善良,当然,菁菁妈妈也看到了,因此,她并没有去一味责怪菁菁,而是因势利导,逐渐引导菁菁说出事实真相,并且给予孩子简单的教导,让孩子认识到了错误。

所有孩子都会撒谎,不过撒谎的程度有所不同,有的孩子像菁菁一样,不善于撒谎,且属于初犯,所以撒了谎后内心愧疚不安,会想着找机会承认错误；有的孩子从谎言中尝到了甜头，正行走在撒谎习惯养成的路上；有的孩子则养成了撒谎的习惯，撒起谎来不动声色，面对大人的焦急、气愤不为所动，坚持和家长死磕到底。面对不同撒谎程度的孩子，教育方法也应有所不同，所谓因材施教就是这个道理。

妈妈的智慧锦囊

从某种程度上讲，善于撒谎的孩子有头脑、有思想，有解决事情的能力。但是撒谎毕竟是一种不好的现象，孩子撒谎的习惯一旦养成，对其人格和品质都会有一定的影响，所以对于撒谎孩子还是应该施以正确的教育。家长可以根据孩子撒谎的不同程度对孩子进行引导，那么具体来说该怎么做呢？

首先，对于初次撒谎或是偶尔撒谎的孩子，教育的重点应该因势利导，即用平和的方式一步步引导孩子，给孩子简单的教育，让他们明白撒谎是不好的行为，鼓励他们向家长说实话。

其次，对于偶尔尝到撒谎的甜头，间断性地故伎重施，向家长撒谎的孩子，要及时纠正他们的撒谎行为，避免孩子养成撒谎的习惯。比如，孩子用同样的方式又一次和你撒谎了，而你不久前刚刚教育了他，这时要及时地指出孩子的撒谎行为，并郑重地和孩子谈一谈，了解一下他内心的想法，中间你可以运用一些技巧，比如同理心法、换位思考法等等，让孩子吐露心声，说出他撒谎的理由，然后采取相应措施。

　　最后，对于已经养成撒谎习惯的孩子，要适当严厉一些，因为这时候孩子对你的说教很可能已经产生了免疫力，即使你苦口婆心地教导他，他也不一定会听，甚至还会和你顶嘴。这时试着给孩子一些惩罚是必要的，这个惩罚可以是孩子一直想要的东西，比如孩子一直想吃的美食、想买的玩具，孩子的零花钱，等等，也可以是让孩子自己承担撒谎造成的后果，并且明确地告诉他，这是对他撒谎的惩罚。通常孩子在认识到撒谎会给自己的利益带来损害的时候，就会主动约束自己的行为。

倾听+共情，正面引导撒谎的孩子

面对撒谎的孩子，我们很容易陷入一个模式，即立即否定孩子的话或是纠正他的错误，而这一行为导致的直接结果就是孩子会认为大人是在"以大欺小"，丝毫不考虑自己的感受，所以心中充满抱怨。这时即使大人费尽口舌，孩子也根本听不进去，教育效果可想而知。

其实，在教育撒谎的孩子的时候，需要家长有一颗同理心，即当孩子有自己的想法的时候不要急着否定他的话，如"住嘴""满口胡话""不听你的解释"等等，而应该试着去倾听孩子、理解孩子，站在孩子的角度去思考问题。总之，家长应该学习倾听和共情。

蝴蝶结发夹

钰钰是个十分爱漂亮的小姑娘，和妈妈一样，钰钰最爱搜集漂亮的发夹。在钰钰的小盒子里有各种颜色、各式各样的发夹：小花猫发夹、糖果色鸭嘴夹、皇冠发夹、兔耳朵发夹……不过唯独没有蝴蝶结发夹。有天早上妈妈在给钰钰梳头的时候发现钰钰的桌子上放着一个漂亮的蝴蝶结发夹。

"钰钰，那个蝴蝶结发夹真好看，要别那个发夹吗？"妈妈指着桌子上静静躺着的蝴蝶结发夹问。

"嗯。"钰钰瞥了一眼镜子中的蝴蝶结发夹。

"不过妈妈没有给你买过，这个发夹是从哪里来的？"妈妈一边拿过发夹轻轻地别在钰钰的头发上一边问。

"我同学给我的。"钰钰说话的语气有点飘忽，显然有点心虚。

"真的是同学给你的？同学为什么要把她的发夹给你呢？"

"她的桌子里有好多发夹……她说'给你一个'……就这样……我就拿了。"钰钰的解释断断续续。妈妈知道，钰钰一定在撒谎！妈妈本想严肃地质问她，是不是趁同学不注意偷偷从人家桌子里拿的，但是话到嘴边又改了主意。

"那你同学知道你拿她的发夹吗？"妈妈问。

"不知道吧。"钰钰老实地回答。

"也就是说，她不在的时候，你自己拿的，是吧？"

"是的。"

"你想想，要是你的蝴蝶结发夹有一个找不到了，你会怎样？"

"我会很伤心啊。"

"所以，如果你的同学发现自己的蝴蝶结发夹不见了，也会很伤心吧。"

钰钰不说话，妈妈继续说："妈妈知道你很喜欢这个蝴蝶结发夹，但是我们不能在别人不知道的情况下随便拿别人的东西，如果有想借的东西，一定要询问人家，人家同意了你才能拿，如果人家不同意，我们坚决不能拿！"

钰钰认真地点了点头。

"好了，现在你知道拿别人的东西是不对的了，那么接下来该怎么办呢？"妈妈问。

"我一会儿就把发夹还给同学，向她道歉。"

"嗯，好，而且刚才你还向妈妈撒谎了，这也是不对的，妈妈希望钰钰是个诚实的孩子呢。"

"妈妈，对不起……"

"嗯，好，我们的钰钰很勇敢，也很诚实，这样，妈妈知道你喜欢搜集发夹，等你放学回来妈妈带你去买一个蝴蝶结发夹好不好？"

"好，谢谢妈妈。"

妈妈的释疑站

在这个案例中，钰钰犯了两个错误：一是偷拿了同学的发夹，二是向妈妈撒了谎。当发现钰钰撒谎的时候，妈妈本想严肃地质问她，但是如果钰钰妈妈这么做了，很可能钰钰还会继续编造谎言，而且妈妈越是严厉追问，她会越是不承认，结果势必会把气氛弄得十分紧张。

所幸钰钰妈妈没有这么做，而是在整个引导孩子的过程中始终保持着一种温和的态度，倾听孩子的说法，同时站在孩子的角度理解她、与她共情，比如"妈妈知道你很喜欢这个蝴蝶结发夹""妈妈知道你喜欢搜集发夹"。除此之外，妈妈还引导钰钰站在自己的角度考虑他人的感受，比如让钰钰想象自己丢了发夹的感受，从而让她理解同学丢了发卡的难过心情。然后妈妈明确地告诉钰钰不能擅自拿别人东西的道理，最后引导她归还发夹，并向妈妈道歉。

整个过程看似有些复杂，其实很简单，我们可以总结为两组词——"倾听"和"共情"。在家长倾听和共情的基础上，孩子更愿意听从教导。事实上，不只是应对孩子的撒谎，很多其他类型的育儿问题，都能通过这两点来获得解决办法。

妈妈的智慧锦囊

不管是"倾听"还是"共情"，都需要家长掌握其中的一些小技巧。首先，对于"倾听"而言，除了做好孩子的听众，倾听孩子的解释之外，我们还应该适时地提一些问题，并且这些问题必须有价值，必须向事实真相逐步靠拢，即在倾听的同时也要学会发问的技巧。

其次，对于"共情"而言，主要包含两方面的内容：一是家长要与孩子共情，即站在孩子的角度考虑问题，替孩子说出内心的想法和感受；二是让孩子与他人共情，即学会理解、考虑他人的感受，在这个过程中，家长可以设置一些情景，增加孩子的同情心和愧疚感，让

孩子主动认错。

当然，对待说谎的孩子，适度的教育也是必需的，比如帮孩子建立规则意识，让孩子明辨是非，知晓什么行为是恰当的，什么行为是不恰当的，等等。

第五章

智慧纠错，及时纠正孩子的撒谎行为

孩子偶尔撒谎并不是什么可怕的事情，然而，如果孩子的撒谎行为不能及时得到纠正，不仅会让人十分头疼，还可能让孩子养成撒谎的坏习惯，对其良好品格的形成造成影响。因此，当孩子撒谎的时候，家长一定要采取一些有效措施，及时纠正孩子的错误。当然，这需要家长掌握一些纠错方法，智慧纠错，这样才能事半功倍。

运用"三步法"巧妙纠错

"人非圣贤，孰能无过"，更何况是不谙世事的孩子。孩子的说谎问题，说大不大，说小不小，但是不管怎样，有错还是要纠正的，而怎样纠错就成了一个难题。那么面对孩子的撒谎行为，家长们是怎么处理的呢？以下两个场景中妈妈的做法，你更赞成哪一个呢？

墙上的皮球印

妈妈在打扫房间的时候看到雪白的墙壁上有一个皮球印，妈妈去质问昊昊，昊昊却矢口否认。

场景一：

妈妈走到昊昊房间门口，生气地质问道："昊昊，墙上的皮球印是你弄的吗？"

"不是我。"昊昊把门插上了,不让妈妈进来。

"你确定没有对我撒谎?你可想清楚了呦。"妈妈继续给昊昊施压。

"嗯,不是我,我确定。"昊昊坚定地说。

"好,刚才屋子里就你和弟弟两个人,你解释一下。"妈妈步步紧逼。

"嗯,对,是弟弟,是弟弟玩皮球时不小心弄的,我看见了。"昊昊继续撒谎。

"你就骗我吧,弟弟一直在玩他的小汽车,明明是你弄的,还把责任推到弟弟身上,欺负弟弟小,说不清楚话是吧,好啊,撒谎越来越有本事了!来,把门开开,看我不惩罚你!"

"不,我没有,不开,不开!"

场景二:

妈妈走到昊昊房间门口,发现昊昊把房门反锁了,妈妈猜想墙上的皮球印是昊昊的杰作,于是朝屋子里问道:"昊昊,刚才妈妈在墙壁上发现了一个皮球印,是你弄的吗?"

"不是,不是我。"昊昊极力否认。

"嗯,好,不过刚才客厅里只有你和弟弟两个人,妈妈看到弟弟在玩小汽车,你在玩皮球,你能解释一下吗?"

"……"昊昊不说话。

"其实妈妈知道你特别希望这件事情没有发生，不过事已至此，妈妈也不希望你撒谎，现在你觉得墙上的皮球印该怎么处理呢？"

"那我去拿一块布把它擦干净吧。"

妈妈的释疑站

同样一件事情，不同的处理方式，结果截然相反，脾气不好的妈妈会像场景一中的那位妈妈一样，明知孩子在撒谎，还对孩子一再追问，结果迫使孩子用谎言去遮掩他先前的谎言，孩子内心愧疚不安，妈妈也火冒三丈。

而智慧的妈妈则会像场景二中的妈妈那样，先稳定住自己的情绪，然后询问孩子，在孩子撒谎后说出既定的事实——"弟弟在玩小汽车，你在玩皮球"，让孩子没有继续撒谎的理由。然后，进一步用同理心的方法表示理解孩子的感受——"妈妈知道你特别希望这件事没有发生"，让孩子卸下心理防御。最后，还给孩子一次补救的机会，让孩子主动想出解决问题的方法。整个过程聪明之极，又十分巧妙，值得我们借鉴。

妈妈的智慧锦囊

孩子说谎其实不仅仅是对自己的考验，考验自己是否诚实，更是对家长的考验，考验家长的应对技巧，这是一个撒谎的孩子所想不到的。而作为家长，怎样处理孩子的说谎问题便成了一个难题。处理得好，孩子能将道理听进去，并改正说谎的毛病；若处理得不好，则会两败俱伤，即孩子虽有愧疚之意，但是嘴上就是不承认。而大人看到孩子不听话，顿时怒气冲天，最后导致冲突升级，一场"家庭大战"在所难免。

作为智慧型的妈妈，一定不能意气用事，而是要学会智慧纠错的方法。比如，当确认孩子已经说谎了的时候，家长可以采用"三步法"来纠正孩子的错误。

第一步：用温和的态度询问

孩子犯了错，往往会受到良心的谴责，内心不安，这时家长切忌用批评的语气去质问孩子，"说，是不是你干的？""老实承认，抽屉里的零钱是不是被你拿走了？""老实交代，杯子怎么碎的？"类似这样的质问请家长避免使用，否则只会加剧孩子内心的不安，让孩子用谎言来代替事实。相反，家长应该用温和的态度询问，"告诉妈妈，是你不小心碰倒了杯子吗？""妈妈放在桌子上的发卡不见了，是你拿去玩儿了吗？""妈妈衣服口袋里的零钱不见了，是你拿去买好吃的了吧？"如果孩子选择撒谎，请看第二步。

第二步：用既定的事实让孩子无话可说

面对妈妈温和的询问，孩子可能仍然撒谎，这时就不要再问了，因为如果你继续问下去，接下来得到的回答多半是谎言。那应该怎么做呢？这时你应该摆出你知道或是看到的事实，比如"妈妈刚才看到你打碎了花瓶""刚才厨房只有你一个人，盘子没长手没长脚，不可能自己跑到地上""爸爸刚才都看到了，只不过他觉得你更愿意和妈妈说

一些悄悄话"等等。这样，将孩子说谎的证据罗列出来，孩子定会哑口无言。

第三步：运用一些技巧让孩子认错

这是"三步法"中最关键的一步，这一步重在技巧。这时的孩子与其说是愧疚，不如说是羞愧，他们需要的是家长的安慰，需要家长替他们解围，因此这时家长可以采用同理心的方法，表示理解并接纳孩子的感受，让孩子感觉到家长是爱他的。与此同时，家长还要给孩子提供一个补救的机会，让孩子自己动脑筋去解决问题，养成对自己的错误负责的好习惯。

侧面引导，让孩子学会自我反省

当孩子说谎时，家长不要一味地斥责孩子，这样容易引起孩子的反感，甚至激起孩子的逆反情绪，而是应该冷静下来，从侧面引导，让孩子自我反省，从而认识到自己的错误。

改分数风波

期中考试的卷子发下来了，森森很不情愿地把到处是红叉叉的70分的卷子塞到了书包里，开始无精打采地往回走。一路上，沿路的风景很漂亮，但是森森却无暇顾及，因为现在森森的脑袋里充斥着各种想象中的后果，什么爸爸罚他站啦，妈妈不让他吃饭啦，总之，越想越觉得这张卷子不能拿回去，但是妈妈已经知道今天考试成绩出来了，怎么办呢？忽然，森森灵机一动，有了办法，只见他急匆匆放下书包，然后拿出一支红色的碳素笔，从"7"字落笔的地方开始画弧线，三五下，70分摇身一变成了90分，森森为自己的聪明感到得意，蹦蹦跳跳地向家中跑去。

森森小心翼翼地吃完饭，正准备溜回房间，却被从厨房出来的妈妈撞个正着，妈妈说："森森，考试的卷子发下来了吧，待会妈妈看看。"森森只好乖乖拿出被自己改过的卷子，忐忑地坐在沙发上，等着即将来临的一场暴风雨，当然他希望妈妈只是粗略地看一下，这样他就能蒙混过关。

妈妈做完家务后，拿过森森的卷子看了看，惊奇地问："呦，这是90分？"爸爸正好路过，打趣地说："给我看看，这小子平时那么贪玩还能考90分？"爸爸接过卷子端详了一下，"这'9'怎么写得这么别扭，还描了几笔，倒像是个'7'字改的。"爸爸发表了自己的见解，森森心里咯噔一下，心想这下完了。"来来来，拿过来，我看看，我们森森怎么可能撒谎呢，准是老师不小心写错了，自己改的。""怎么可能嘛，你看看这卷子，这么多红叉叉，哪里像是90分的样子。"爸爸解释说。妈妈从爸爸手里拿过卷子仔细研究了起来，越看越生气，不仅仅是因为森森考试没考好，更因为森森撒了谎，把卷子改成了90分。

"森森，你怎么能撒谎呢，你说这90分是怎么来的？"爸爸严厉地问。

森森低着头不吭声，爸爸要开口发火，妈妈朝爸爸使了一个眼色，爸爸无奈地摇了摇头回屋去了。

妈妈坐在森森身边，温和地对森森说："森森，如果不是爸爸细心，看出你把卷子上的分数改了，我们还以为你这些知识都学会了，虽然这样我们不会总催着你学习了，但是等到下次考试的时候，不会的知识仍然不会，下次你怎么办呢？你认真想想吧。"说完，妈妈回房间去了。

森森一个人坐在沙发上思考了片刻，然后跑到妈妈房间，对妈妈说："对不起，妈妈，我不该撒谎，不该改卷子上的分数，以后我会努力学习，再也不贪玩了，我会争取赶上其他同学的。"

"嗯，这才对嘛，妈妈相信你，爸爸刚才也很生气，去跟爸爸道个歉吧，只要你诚恳道歉，爸爸是不会责怪你的。"森森点了点头，又跟爸爸道了歉，至此，这场改分数风波才算告终。

妈妈的释疑站

森森为了逃避爸爸妈妈的责罚，自己动手把卷子上的分数改掉了，得知真相的爸爸要发火，妈妈赶紧拦住爸爸，然后循循善诱，晓之以理地引导森森进行反思，最后森森认识到了自己的错误，并向爸爸妈妈道了歉。

曾子说"吾日三省吾身"，这句话告诉我们自我反省的重要性，的确，自我反省能力是一个人不断发现自己、完善自我的前提条件。对于孩子来说这种能力仍然至关重要，但是由于孩子内在的心理、智力还不成熟，尚不具备完备的自我意识，因此需要家长去引导，去培养孩子的自我反省能力。这样，孩子就会自觉通过自我反省来规范自己的言行。

既然孩子的自我反省能力这么重要，那么具体来说家长应该怎样培养孩子的自我反省能力呢？我们给出以下两点建议：

1. 给孩子自我反省的机会

当孩子撒谎时，有些父母总是急着让孩子承认错误，好像只要孩子认了错就万事大吉，可是孩子即使当时认了错，也可能未必是真心的，因为认错不是说一句"对不起"就是真正认识到错误了，认错往往需要一个过程。因此，我们应该给孩子自我反省的空间，让孩子对自己的行为进行评价和判断。

2. 唤醒孩子的反省意识

在日常生活中，家长可以从两方面来唤醒孩子的反省意识：一方面是从正面角度出发，向孩子灌输诚实、善良、守信等正面道德情感；另一方面，从反面角度出发，让孩子体会羞愧、内疚等负面道德情感，以此促进孩子不断自我反省。

适时变通，学会用奖励代替惩罚

面对撒谎的孩子，大多数父母还是沉不住气，经常采取粗暴的方法来遏制孩子的撒谎行为，比如批评、责骂、惩罚等等，这些方法或许能取得立竿见影的效果，但是妈妈们应该认识到，这种打骂式的教育解决不了根本问题，孩子爱说谎的习惯仍然改不掉，甚至由于逆反心理的作用，说谎会成为孩子对抗父母的一种习惯方式。其实，妈妈们不妨试着换一种思维方式，变通一下，或许就能取得出其不意的效果。

花瓶上的裂纹

妈妈在打扫屋子的时候，看到桌子上的一个花瓶有一处裂痕，并且有用胶水粘过的痕迹，妈妈当下意识到，应该是豆豆在桌子上拿什么东西的时候不小心把花瓶碰倒了。

妈妈拿着花瓶走到了豆豆的房间，"豆豆"，妈妈在门口轻轻地敲门。豆豆打开门，看见妈妈手里的花瓶，不由得有点紧张。"豆豆，这花瓶是你的杰作吧？"妈妈问。豆豆急忙连连摇头："不是我，不是我……是一只小野猫，刚才我在屋子里玩耍，忽然一只小野猫从窗户外面跳了进来，跳到了桌子上，碰倒了花瓶，就出去了。"

豆豆编得很认真，妈妈听得也很认真。妈妈知道豆豆是在说谎，不过并没有当场揭穿他，而是装作一副恍然大悟的样子，淡淡地说："哦，原来是这样，那没事了，你继续玩吧。"

整个下午，妈妈都在观察豆豆，显然豆豆因为说了谎有点内疚，说话做事一直小心翼翼。到了晚上，看到豆豆还没有主动认错的意思，妈妈准备主动出去，"豆豆，妈妈可以进来吗？"妈妈一边敲门一边问道。"嗯，进来吧，妈妈。"妈妈轻轻走了进去，拿出一颗五角星（每当豆豆做了好事或是表现得好的时候，妈妈都会奖励豆豆一颗五角星。当五角星积满五颗，豆豆就可以实现一个愿望）。豆豆睁大眼睛，疑惑地问道："妈妈，今天我做什么好事了吗？"妈妈一边把五角星递给他，一边温和地说："这颗五角星奖励给你不是因为你做了好事，而是因为摔坏的花瓶。"

豆豆有点不知所措，妈妈继续说："妈妈知道花瓶根本不是小猫碰倒的，不过妈妈觉得你很有想象力，能编出一只专门为了打碎花瓶而跑进来的猫咪，所以这颗五角星奖励给你。"豆豆有点惭愧了，低着头不说话，妈妈又拿出一颗五角星对豆豆说："而且，妈妈还要奖励给你另外一颗五角星，因为你在犯错后懂得弥补自己的过错，把花瓶粘好了，而不是偷偷扔掉它。"

听到妈妈这样说，豆豆更加自责，妈妈趁机说："不过，有一点豆豆做得不好，那就是和妈妈撒了谎，用谎言掩盖了自己的错误。现在妈妈奖励给你两颗五角星，就是希望你能做一个诚实的孩子，撒了谎要主动向妈妈承认。而且，妈妈向你保证，以后无论什么事，只要你勇敢认错，妈妈一定不会不分青红皂白地冤枉你。"

听完妈妈的话，豆豆认真地说："妈妈，我知道错了，我以后不会再撒谎了。"看到豆豆认识到了自己的错误，妈妈欣慰地点了点头。

妈妈的释疑站

很多大人在孩子犯错的时候都会惩罚孩子，希望通过惩罚让孩子长记性，避免孩子再犯错，但是也正是这种惩罚式的教育让孩子不敢说实话，逐渐养成了撒谎的习惯。因此，当孩子犯了错，撒了谎的时候，不要急着去惩罚孩子，而是应该试着学学豆豆妈妈的做法，变通一下，用奖励代替惩罚，往往会收到出其不意的效果。

妈妈的智慧锦囊

需要注意的是，给孩子奖励的目的是为了激发孩子内心的愧疚感，让孩子主动认错，而不能让孩子有这样的感觉：自己撒了谎还能得到这么大的奖励，看来以后要多撒谎。如果是这样，奖励不仅变得没有什么意义，还会助长孩子的说谎气焰。因此，如何把握奖励的尺度是妈妈们应该注意的问题。那么如何把握这一尺度呢？

首先,所给奖励不能是孩子期盼已久的事物,比如孩子一直想要买的玩具车、一直想去的游乐园、一直想玩的游戏等等。

其次,所给奖励应该是具有一定激励意义的事物,比如孩子表扬板上的小红花或是五角星。

最后,一定要赏罚分明,即在奖励孩子的时候也要趁机指出孩子的错误。当孩子得到了一定的奖励的时候,内心会更加愧疚不安,所以这个时候就是妈妈们纠正孩子错误的最好时机。

以退为进，让撒谎的孩子主动认错

　　"为什么撒谎？""好啊，小小年纪好的不学，竟然学会了撒谎！""你说，妈妈是这样教你的吗？"……当发现孩子撒谎后，很多妈妈会按捺不住自己的情绪，气势汹汹，暴跳如雷，随后会请孩子吃一顿"教育大餐"。可是纵然是苦口婆心的教导，甚至打骂，孩子仍然不长记性，该撒谎还撒谎，不该犯的错误仍然会犯，这是什么原因呢？

　　其实很大程度上是因为孩子没有从内心真正认识到自己的错误。当因撒谎而受到大人指责的时候，大多数孩子会选择认错，不过他们的认错很可能是迫于大人的压力，是孩子的一种应急策略。当说教过后，孩子会觉得已经雨过天晴了，刚才的事情自然不会放在心上。

　　鉴于此，妈妈们应掌握一套行之有效的方法，让撒谎的孩子主动承认错误。

角落里的玻璃碎片

妈妈在逛花卉市场的时候买回一个小瓶子，说它是花瓶有点小，不过倒是很精致，几朵野花点缀在几近透明的瓶身上，十分好看。妈妈把它放在了客厅的一张小桌子上，插上一朵路边摘来的小黄花，别有一番景致。

中午的阳光透过玻璃窗把地板烤得热热的，妈妈拿来拖布拖地，她一直认为这是屋子降温最快的方法。等拖到一个角落的时候，妈妈发现了一小块玻璃碎片，上面没有图案，看不出是什么东西的残渣，最近有买什么玻璃制品吗？妈妈忽然想到了上午买的小花瓶，果然，桌子上的小黄花不见了，瓶子也不见了。

"荣荣，妈妈放在桌子上的小花瓶哪里去了？你知道吗？"妈妈朝着荣荣的房间喊道。

"花……瓶，没，没看见呀。"荣荣回答。

"那这是什么？"妈妈走进荣荣的房间，拿着一小块玻璃碎片问荣荣。

"那个……妈妈，我想起来了，是花瓶的碎片，上午我和婷婷玩耍的时候，她看到花瓶里的小黄花很漂亮，想看一看，然后就不小心打碎了，妈妈您不要怪她，她不是故意的……"

小家伙的谎言很流畅，妈妈又惊讶又生气，想不到荣荣居然一而再，再而三的撒谎，最后还把错事赖在别人头上。妈妈很生气，简直有想揍她一顿的冲动，不过妈妈还是控制住了自己的怒火。等到情绪平静了，妈妈端着一盘刚切好的苹果，对荣荣说："荣荣，妈妈向你道个歉。"

"怎么啦，妈妈？"荣荣十分惊讶，又有点紧张。

"妈妈不该把买回来的花瓶放在你们能够得着的地方，花瓶碎了是小事，如果把你们的小手割破了可就是大事了，所以妈妈要向你道歉。"妈妈平静地说。

"没事，没事，妈妈。"荣荣低着头小声说。

"而且因为妈妈的疏忽，花瓶碎了，这才导致你跟妈妈说了谎，所以妈妈要向你道歉。"

听到妈妈这么说，荣荣小脸涨得通红，也不说话。妈妈看差不多了，把果盘放在桌子上，起身离开了。

过了一会儿，荣荣跑过来主动跟妈妈承认了错误："妈妈，花瓶是我不小心打碎的，我撒了谎。"妈妈把荣荣揽在怀里，温柔地对荣荣说："妈妈很高兴你能主动跟妈妈承认错误，妈妈知道你刚才撒谎是怕妈妈会怪你，其实只要你能勇敢地承认错误，妈妈是不会怪你的，不仅如此，妈妈还觉得你很勇敢，因为很多大人有时候犯了错都不能主动认错呢，所以在妈妈眼里，荣荣是诚实、勇敢的孩子呢。"

"真的吗？"荣荣一扫刚才低落的情绪，兴奋地问道。

妈妈认真地点了点头，继续说道："不过，桌子上没有了花瓶，不好看了呢。"

"那我明天再买个花瓶吧，用我的零花钱。"荣荣建议道。

妈妈笑了笑，夸赞道："荣荣不仅诚实勇敢，而且还会承担责任

了，真了不起！"

听到妈妈这样夸自己，荣荣不好意思地笑了。

妈妈的释疑站

当荣荣打碎花瓶的时候，妈妈很生气，但是妈妈明白，这时如果给孩子一顿批评，也许荣荣还会跟自己争辩，即使是闷不吭声地听完了教诲，也记不到心里去。最后，智慧的荣荣妈妈以退为进，用道歉来获得荣荣因撒谎而产生的愧疚感，让荣荣主动承认了错误。

面对撒谎的孩子，怎样教育是一件让人十分头疼的问题。如果态度强硬，很可能伤害孩子幼小的心灵；如果太过柔和，又达不到应有的效果。其实，我们应该学学荣荣妈妈的方法，循循善诱，以退为进，最终让孩子主动承认错误。

当孩子撒谎时，以退为进是一种很好的教子方法。要想用好这一方法，妈妈们需要遵循以下三点原则：

1. 要控制住自己的情绪

面对孩子编造的谎言，大多数家长会觉得十分气愤，怒发冲冠有之，火冒三丈有之，但是请记住，如果想要掌握以退为进的方法，首先要学会"退"，而学会"退"的前提就是要控制住自己的情绪，让自己冷静下来。比如在发火之际，马上离开孩子的视线，然后在心里不断默念"我不生气，我是个温柔的好妈妈"。如此几遍，便能以一个较为平静的心态重新审视孩子的撒谎问题。

2. 要学会"退"的方法

事例中，荣荣妈妈以道歉为"退"，成功激起了荣荣的愧疚感，在平时，大家还可以用"伤心"来获取孩子的同情。比如孩子撒了谎，告诉孩子自己很伤心，因为自己没有尽到做妈妈的责任，让他说了谎。

3. 要在"退"的基础上"进"一步

一些家长认为让孩子道了歉就没事了，不必跟孩子较真，也没必要让他去承担做错事的责任，这样的想法显然是有问题的，我们不能因为他们是孩子就迁就他们的过错，而应该让孩子学会承担责任，去弥补自己的过失。

巧言善问，与撒谎的孩子平和沟通

怎样的谎言最让人生气？我想莫过于那些事实摆在面前还强行争辩的行为。比如孩子偷偷吃了巧克力，弄得手上、脸上、衣服上都是，却对你说："妈妈，我没吃。"相信类似这样的谎言一定能戳中你的神经，让你暴跳如雷。

但是我们往往忽略了一个问题，即孩子的谎言很多时候是被激发的，特别是在大人强烈的质问下，孩子的防御性谎言更容易被激发。

消失的卡其色卡车

炎炎过生日的时候，舅舅送了他一辆卡其色的玩具卡车。可是一次玩耍的时候，炎炎不小心碰倒了椅子，椅子正好砸到了小卡车，于是瞬间小卡车碎了一地。卡车的一个车轮子跑到了沙发下面，一个车轮子跑到了桌子下面，另外两个，炎炎没来得及看，所以不知道跑到了哪里。

所幸妈妈不在家，这是唯一一件让人稍稍安心的事，否则让妈妈看到……说到底，炎炎不知道妈妈会怎么处罚他，只记得上次他不小心把妈妈的手机屏幕摔碎了，妈妈让他面壁了一个小时。

想到这里，炎炎赶紧拿来簸箕和笤帚，把事发现场清理得干干净净，把小卡车的碎片扔到了楼下的垃圾箱里，然后跑回家，发现椅子还静静地躺在地上，又赶忙把椅子扶起来摆好。做完这一切之后，门铃响了，妈妈回来了。不过，炎炎不知道的是，妈妈在路过楼下垃圾箱的时候正好扔东西，碰巧看到了小卡车的碎片，这让妈妈想到了炎炎新买的小卡车，当然，妈妈还没有意识到这就是炎炎的玩具。

"炎炎，妈妈刚才在楼下看到一辆玩具卡车的碎片，跟你的好像一样呢，不是你的吧？"妈妈一进门随口问了一句。

"不是的，妈妈。"炎炎有点紧张，因为他很担心妈妈发现自己在说谎。好在妈妈在听到炎炎的回答后并没有说什么。

然而，谎言还没有熬过一个晚上就被揭穿了。晚上妈妈在拖地的时候，一个车轱辘骨碌碌地从一个角落里滚了出来，妈妈拿起来看了看，似乎明白了什么，对正在看电视的炎炎问道："炎炎，你的新卡车呢？"

"在……什么地方吧，忘了放哪儿了。"炎炎小心翼翼地回答。

"每天这个时候你都会玩一会儿，今天怎么看电视了？"妈妈像是一个侦探。

"因为……电视好看。"

"那你告诉我你的新卡车在哪儿？"

"我不知道。"

"去找找，我想看看。"妈妈又像是一个检察官。

"真的忘记放在哪里了。"

"还在说谎，真是翅膀长硬了，问了你这么半天，没一句实话！"妈妈终于控制不住自己的情绪，开始了狂风暴雨般的批评。

妈妈的释疑站

小孩子的认知能力有限，不能正确估量一件事情的严重性，所以我们看到，炎炎将弄坏玩具卡车这件事和摔碎妈妈手机屏幕这件事等同了起来，认为妈妈会责罚他，为了避免受到责罚，炎炎选择了说谎。

而当妈妈发现炎炎说谎的时候，自然十分生气，跑去质问炎炎，在这个过程中，妈妈俨然就是一个侦探和检察官。在妈妈强烈的质问下，炎炎出于害怕，只好继续用谎言掩盖事实，可最后终究被妈妈揭穿。炎炎妈妈这样做真的对吗？这样的纠错方式会有效吗？

其实，当孩子说谎时，很多家长都会像炎炎妈妈一样，喜欢用一些带有强烈语气的问题质问孩子，以此让孩子迫于自己的威严而说出事实，承认错误。但是这样做的效果并不明显，甚至适得其反，即大人越是问，孩子越是会找出各种理由来编造谎言，我们本来是想让孩子承认错误，但结果是迫使他只能用撒谎来防卫，这样的做法真的很有问题。由此可见，面对撒谎的孩子，怎样提问也是一种智慧。

要想弄清事实真相，让孩子说出撒谎的缘由，在和孩子沟通时一定要注意提问的方式和内容。

首先，家长不要扮演侦探或是检察官的角色，对撒谎的孩子不停地质问，也不要说话拐弯抹角，因为这样很容易让孩子陷入不断撒谎的恶性循环。

其次，避免问一些伤害性的问题。比如"你怎么总是记吃不记打""为什么总是把我的话当成耳旁风""为什么总是顶嘴"之类的话。

最后，将提问句换成肯定句。比如让孩子打扫房间，孩子没有做，不应该问："让你打扫房间，怎么还没扫？"而是应该说"我看到你房间还没打扫"；当孩子考试没考好撒谎时，不要这样问："你确定没有骗我？你该知道说谎的后果！"而是应该说"我已经和你们老师沟通过了，你这次考得很糟糕，妈妈很担心，不知道该怎么帮你"；发现孩子没有及时归还从图书馆借的书时，不要这样问："你确定把书还回去了吗？那它怎么还在你的桌子上？"而是应该说"我刚看到你从图书馆借的书过期了，快还回去吧"。

总之，面对撒谎的孩子，家长在说话方式上一定要注意，不能表现得歇斯底里，不能激发孩子的防御性说谎。

如何快速识别孩子是否在撒谎

没有哪个孩子不曾撒谎，让家长头疼的也不仅仅是孩子的撒谎问题，而是不能准确地判断孩子是否在撒谎。如果孩子没撒谎，却被我们误判，误认为孩子撒了谎，那么就会冤枉孩子；而如果孩子撒了谎，我们却没察觉出来，久而久之，孩子就会认为撒谎是一件无足轻重的小事，这样又会助长孩子的撒谎行为。

由此可见，识别孩子是否撒谎也是家长的必备技能。那么，该怎样快速识别孩子是否在说谎呢？对此，心理学家告诉我们，当一个人在撒谎的时候，往往会有一些不同寻常的细微表现，孩子们表现得更为明显。因此，我们可以根据孩子的表现来快速判断他是否在撒谎。下面，我们教给大家一些快速识别孩子是否在撒谎的技巧。

技巧一：看孩子是否重复或是强调一件事情

编故事总是需要时间的，何况大多数孩子并不是撒谎高手，因此他们编的谎言往往漏洞百出，而为了增加故事的真实性，孩子会不经意间不断重复或是强调某一件事情，而这也恰巧是撒谎的一个重要表现。比如孩子放学后去了游戏厅，很晚才回家，这时如果你问他："放学后干吗去了？"孩子很可能会这样回答："放学啊，放学我去干吗了？放学我去同学家玩了。"如果遇到类似这样的回答，很可能孩子在撒谎。

技巧二：观察孩子的眼睛，眼睛会撒谎，也会说实话

撒谎高手的眼睛是会说谎的，比如当你质问他的时候，他的眼神和平常一样，可以用波澜不惊来形容。但是如果是孩子往往会稍逊一筹，因为大多数孩子还是很单纯的，当他们说谎时眼神往往会稍露他们心底的秘密，比如不敢正视别人，眼神有些慌乱，说话时老眨眼睛，总是东张西望，或是眼睛总是盯着一个地方不动，等等。如果你的孩子有这些表现，很可能他在撒谎。

技巧三：观察孩子的肢体动作是否失控

孩子撒谎的时候，其肢体动作往往会失控，比如手或脚不由自主地晃动，不自觉地摸脸、抓耳朵、舔嘴唇或是摸鼻子。因此，在判断孩子是否在撒谎时，家长一定要注意孩子的这些小动作。

技巧四：观察孩子是否情绪激动

撒谎的孩子害怕谎言被揭穿而受到指责和惩罚，因此面对大人的询问多半不能表现淡定，往往情绪激动、坐立不安、心不在焉，说话时断断续续，一味地否认、拒绝回答大人的问题，或是把错误强加到别人身上，以此来维护自己。比如你问他："杯子是不是你打碎的？"孩子会激动地否认："不，不，不是我，是，是小花猫打碎的。"

当然需要注意的是，这些技巧也不是万能的，即使孩子的行为完全符合以上几种特征，也不能马上断定孩子就一定是在撒谎，判断孩子是否在撒谎还需要家长综合孩子多方面的表现，以免冤枉了孩子。

第六章

理解和沟通，打开心扉和孩子做朋友

　　我们常常自诩是孩子成长道路上的最亲密的人，但是很多时候我们并不了解孩子内心深处真正的想法。其实，孩子在成长道路上必定会磕磕绊绊，犯这样那样的错误，我们应该多给孩子一些理解，同时多和孩子沟通，当我们和孩子成为朋友的时候，孩子必定也会对我们敞开心扉，所谓的撒谎问题也就迎刃而解了。

用信任化解孩子的"谎报军情"

每当我们问孩子关于学习上的问题的时候，成绩不错的孩子会炫耀一番；成绩一般的孩子喜欢打马虎眼，"还行吧""就那样""您还不知道嘛"；学习一团糟的孩子则会"谎报军情"，"挺好的啊""班级前五名呢""今天没留作业"……如果孩子"谎报军情"，你没有察觉，孩子的学习状态只能是越来越糟，等到终有一天真相大白的时候，你又是震惊，又是失望，又是后悔，然而这时的孩子已经形成了说谎话的坏习惯。

欣欣的作业本

欣欣的作业本有很多，横格本、算术本、英语本，但是它们既不爱回家，也不爱去学校。为什么这么说呢？欣欣从学校回来，妈妈问："欣欣，先写作业还是先吃饭？"欣欣说："不写，不写，今天没留作业。"妈妈嘀咕："怎么又没留作业，不都说现在小学生课业负担重嘛……"从家里到学校，老师问："欣欣，你的作业呢？"欣欣低着头说："老师，我的作业本忘带了。"老师心里犯嘀咕："这孩子怎么经常忘带作业……"

一次两次，欣欣的撒谎行为引起了妈妈的怀疑，妈妈打电话给老师，老师说欣欣最近的学习状况很糟糕，上课不认真听讲，课后不认真完成作业，甚至好几次没有交作业。妈妈这才意识到，欣欣说的"没留作业"其实是在撒谎。

听到老师历数欣欣的种种不学习的行为，妈妈肺都要气炸了。回家后，妈妈问欣欣："为什么撒谎，说没作业？为什么还骗老师，说作业忘了拿？"欣欣只是可怜兮兮地不说话，妈妈真是拿她没办法。

妈妈的释疑站

孩子因为作业撒谎，无论是在学校还是在家里都很常见，同时这也是让家长或是老师十分头疼的问题。其实，孩子撒谎是其心理发展和智力发育过程中必然出现的一种行为，往往是因其对诚实的理解或是对道德意识的认识不全面而造成的。当然，还有一些更直接的原因，比如大人不信任孩子，经常实行打骂式教育，造成孩子的恐惧心理，当面对一些学习上的问题的时候，孩子就会"谎报军情"，即"报喜不报忧"。也可能是孩子在学习上确实遇到了困难，本能地认为只要作业没完成，就会受到家长、老师的批评，因此，为了避免受到惩罚，只好用谎言来搪塞。

妈妈的智慧锦囊

不管是出于何种原因，撒谎都是一种不好的行为，为了防止孩子在学习上两头撒谎，养成撒谎的坏习惯，家长要采取一些措施。

首先，要和老师结盟，善于从老师那里了解孩子的学习状况。很多家长对孩子的学习状况不甚了解，所以对于孩子的说谎行为很难察觉，为此，家长一方面要经常询问孩子的学习状况，另一方面要和老师保持联系，及时询问孩子在学校的表现。

其次，家长应该和孩子建立一种互相信任的关系。当家长与孩子成功建立起信任感后，孩子就会更容易对家长敞开心扉，在学习上遇到问题也会主动和家长交流。如果孩子"谎报军情"，家长就要给予孩子正面教育，让孩子认识到说谎的坏处；当孩子承认错误后，家长要表示相信他会改正，相信他仍是一个诚实的孩子。在平时，家长应该明确告诉孩子：家长是他最坚实的后盾，如果他做错了什么事，家长是会给予他帮助的。这些做法都有利于杜绝孩子说谎行为的发生。

最后，要理解孩子说谎的动机，包容孩子的错误，给孩子承认错误和改正错误的机会。比如有的孩子谎报自己的考试成绩仅仅是想让父母高兴，如果不去了解孩子说谎的动机就一棒子打死，很可能会伤害到孩子。

用理解包容孩子的"迫不得已"

每当发现孩子撒谎的时候，家长总是很失望、很气愤，但是作为妈妈的你，是否想过孩子撒谎也是"迫不得已"的呢？

音乐盒的秘密

圣诞节还没到，商场里已经有了节日的氛围。今年的圣诞节刚好在周一，在文文的软磨硬泡下，妈妈最终答应文文，在周末的时候到商场提前感受一下节日的氛围。在路过一个工艺品店铺的时候，文文看上了一个音乐盒，盒子十分精巧，打开之后会弹出一个穿着西装，打着蝴蝶结的小人儿，小人儿伴着久石让的《天空之城》舞动，很是让人喜爱。

文文爱不释手，用祈求的目光看着妈妈。妈妈拿过盒子看看价格，摇了摇头，对于勤俭节约的妈妈来说，很难接受这个看起来十分离谱的价格——128元。于是，妈妈果断拒绝了文文，理由是：一，中看不中用；二，价格太贵。最后，文文只好恋恋不舍地离开了。

有一天，妈妈收拾文文房间的时候，发现抽屉里有一个音乐盒，妈妈觉得有点眼熟，但是又不记得在哪里见过。其实也不能怪妈妈记忆力不好，因为圣诞节已经过去一个星期了。

"文文，这个音乐盒是哪里来的？"妈妈拿着音乐盒问正在客厅看电视的文文。

"是……是圣诞节同学送的。"文文犹豫了一下说。

"哦，我还觉着有点眼熟呢。对了，你送人家礼物了吗？这礼物看着很精致呢！"

"没，没送。"文文想说送了礼物，但又怕妈妈问他送什么了，所以只好说没送。

"你这孩子，怎么不回送人家礼物呢，多没礼貌。这样，你赶紧把礼物补上，钱不够了，妈妈给你便是。"

文文本想点头答应，等过几天如果妈妈再问，自己再编一个谎言就可以了，但是看到妈妈这么关心自己，文文觉得有点愧疚，于是对妈妈说："妈妈，对不起，这个音乐盒是我自己买的，您还记得上周末咱路过一家工艺品店铺吗？"

妈妈这才明白，为啥刚才见到这盒子的时候有一种似曾相识的感觉了。妈妈有点生气，问文文："那刚才妈妈问你的时候你怎么不说实话？"

"我也是迫不得已呀，怕您说我花钱大手大脚，乱买东西，怕您知道事情真相后责罚我，可是我真的很喜欢……"文文小声解释说。

"迫不得已？我还没听过说谎还有迫不得已的，说了谎还给自己找理由，我看你是越来越不听话了。"对于儿子的解释，妈妈相当不满意。

"我真的是迫不得已的……"文文仍然坚持自己的观点。结果，母子两个人很快吵了起来。

妈妈的释疑站

文文向妈妈坦白一切，承认错误，一方面是基于自己的愧疚心理，另一方面是想得到妈妈的理解，但是在说出事实的真相后，文文妈妈并没有去理解孩子的撒谎动机，反而觉得文文是在为自己找借口，这才导致了矛盾的升级。

其实，孩子偶尔的撒谎既然不是一种习惯性的行为，定有一些迫不得已的理由，比如害怕家长责罚，怕丢掉面子，怕失信于人，等等。纵使这些不能成为孩子撒谎的理由，但是也应该被理解和包容。

妈妈的智慧锦囊

没有人生来不说谎，更何况是孩子，但是许多家长对于孩子撒谎的问题不是轻描淡写的不够重视，就是夸大其词的言过其实。其实，两种做法都不恰当，孩子撒了谎要及时纠正，但也不要把撒谎当作是一件非常严重的事情，而应该学会用理解包容孩子的"迫不得已"。

当孩子撒了谎时，不要小题大做，也不要和孩子斤斤计较，有些家长总是喜欢翻旧账，无形中放大了孩子的错误，这种做法是不可取的。当孩子主动承认错误的时候，也不要一直揪着孩子的"小辫子"不放，不要将其视为一个发泄自己情绪的机会，而是应该学会倾听，试着站在孩子的角度理解孩子的撒谎行为，给予孩子指导和帮助。

用耐心应对孩子的虚荣型说谎

在孩子的说谎行为中有一种说谎行为我们称之为"虚荣型说谎",即在虚荣心的作祟下产生的一种说谎行为。

法国哲学家亨利·柏格森曾经说过:"虚荣心很难说是一种恶行,然而一切恶行都围绕虚荣心而生,都不过是满足虚荣心的手段。"就像是柏格森所说的那样,虚荣心很难说是一种恶行,孩子因虚荣心撒谎同样也不应该划归为道德问题。

不过,因虚荣心而滋生的说谎行为终究是一种不好的行为,需要通过妈妈们的耐心引导来纠正。

我妈妈是企业家

洋洋的爸爸妈妈从小城镇到城市打拼了十多年,终于在大城市安了家,为了给孩子最好的教育,爸爸妈妈为洋洋选择了全市最好的幼儿园——阳光幼儿园,尽管这里一个月的费用都快抵上洋洋爸爸半个

月的工资了，但是爸爸妈妈觉得这一切都是值得的。

因为买房子，家里并没有多余的钱来买一辆车当代步工具，于是一辆半旧的电动车成了接送洋洋的"班车"，而且这项任务只能由妈妈来完成，因为爸爸经常加班，时间赶不上。

一天下班后，妈妈和往常一样去接洋洋，而这时的洋洋正在和几个小朋友进行一项小讨论，一个小朋友洋洋自得地说："我爸爸是高中教师。"

"那有什么，我妈妈是大学教授，她有好多学生。"一个小姑娘接过话。

"我的爸爸还是工程师呢。"

……

"有什么了不起！"看着大家都在炫耀自己爸爸妈妈的职业，洋洋有点不服气。

"洋洋，那你说说你的爸爸妈妈是做什么的。"一个小朋友不解地问。

洋洋不说话，教室里突然安静了下来，过了一会儿，洋洋突然大声说："我爸爸是大老板，妈妈是企业家！"

这时妈妈正好走到了教室门口，看着儿子这个样子，妈妈觉得有点好笑。不过妈妈觉得这样撒谎是不对的，于是走出教室后，妈妈对洋洋说："洋洋，妈妈刚才听见了你和其他同学讨论的问题了，其实……"

"妈妈！"洋洋突然打断了妈妈的话，然后犹豫了一下，继续说，"妈妈，您以后不要来班里接我了，要是同学们看见你骑着电动车来接我，说不定会笑话我的。"

妈妈的笑容戛然而止。妈妈没有想到，洋洋不仅因为虚荣心而说谎，而且还为此而嫌弃自己！

妈妈的释疑站

在小孩子身上，虚荣型说谎是一种常见的谎言形式，即孩子因为虚荣心而说谎。

上述案例中，洋洋谎称自己的爸爸是大老板，妈妈是企业家，以期获得同学们的尊重，这便是虚荣心的表现。从心理学角度来看，虚荣心是自尊心过强的表现，而自尊心是每个人都有的，只不过自尊心太强的话就会衍变为虚荣心。

另外，家长的言行举止也是孩子攀比虚荣心理形成的重要原因，比如有些家长喜欢讲名牌，讲排场，在潜移默化中，孩子会把面子看得很重，有时为了撑面子，很可能用撒谎来赢得同学、朋友的羡慕，满足自己的虚荣心。

我们说"勿以善小而不为，勿以恶小而为之"，虽然孩子的虚荣型撒谎算不上什么道德问题，但是对孩子正确价值观的形成有着重要的影响。

因此，对于孩子的虚荣型撒谎问题，家长们一定要加以足够的重视。

妈妈的智慧锦囊

虚荣心是儿童成长过程中正常的一种心理现象，而且孩子的虚荣心和大人不同，孩子的虚荣心大多出于单纯而强烈的不服输心理。所以当孩子因为虚荣心撒了谎的时候，妈妈们不要太过着急，不要觉得孩子犯了什么大错，而是应该耐心引导，帮助孩子走出盲目攀比和爱慕虚荣的误区，从而从根本上消除孩子的虚荣型说谎行为。那么具体该怎么做呢？

首先，家长要摆正心态，为孩子树立一个好榜样。在教育孩子的过程中，妈妈们一定不要忽视对孩子言传身教的影响。为此，妈妈们一定要摆正自身心态，不同别人攀比，不向孩子渲染金钱、地位、权威、名誉、声望等概念，不习惯性地将买礼物作为表扬或是奖励孩子的方式。

其次，要帮助孩子改变攀比的思维模式。如果孩子有了攀比心理，就会什么事都喜欢和别人比一下。有比较就有输赢，比如看到别人比自己好的地方，或是别人拥有的东西自己没有，会失落。这时家长应该积极引导孩子，比如告诉孩子："我们虽然没有豪华的小轿车，但是妈妈是每天第一个来接你的，这可是其他妈妈做不到的哦！"或是说："穿衣服只要干净大方就好，妈妈给你的毛衣虽然比不上那些名牌、大牌，但是却是妈妈一针一线亲手织的，其他同学不一定有呢。"

最后，要培养孩子诚实的美好品质。对于一个诚实的孩子来说，诚实的品质能成为其对抗虚荣型说谎的一种强大力量。因此，家长在平时要注意孩子诚实品质的培养，为孩子不断积蓄正能量，比如，当孩子有不诚实的言行举止时，家长不要过分指责孩子，不要揭孩子以前的伤疤，而应该多引导孩子还原事情的真实性，如果孩子把事实真相讲给父母听，要肯定并称赞孩子的诚实言行。

孩子撒谎不去幼儿园，妈妈怎么办

很多孩子在刚上幼儿园时或是上了一段时间幼儿园以后会很排斥幼儿园的环境，甚至为了不上幼儿园而向大人撒谎，最典型的谎言是"妈妈，我肚子疼"。其实，孩子的每一个谎言背后都藏着孩子的一个秘密，面对撒谎的孩子，家长要多一点耐心，多和孩子沟通，寻找孩子撒谎的真正缘由，然后对症下药，从根本上解决问题。

妈妈，我肚子疼

周一的早上，窗外阳光明媚，鸟儿欢快地唱着歌，一派朝气蓬勃的景象。妈妈在厨房里忙碌，为珉珉准备早餐，睡不醒的珉珉抱着自己的小枕头"呼噜噜"地打呼噜。"珉珉，起床啦，太阳晒着屁股啦！"妈妈的声音穿过厨房，越过客厅，最后达到卧室，回荡在珉珉耳旁。"好啦，知道啦。"珉珉不情愿地翻个身，继续进入梦乡。

一次，两次，三次，直到第四次，妈妈才成功地把珉珉从床上揪起来，鸟儿还在欢快地唱着歌，珉珉却是一副痛苦的模样。"快去刷牙洗脸，时间快赶不上了。"妈妈看了看表，对着磨磨蹭蹭的珉珉催促道。

"妈妈，我肚子痛。"珉珉眯着眼睛对妈妈说。

"怎么突然肚子痛？是睡觉着凉了吗？"妈妈有点疑惑，又有点担心。

"嗯，不知道，就是肚子痛。"

"真的？"妈妈盯着珉珉。

"嗯，今天不去幼儿园了吧？"

"嗯，我们不去幼儿园，妈妈带你去医院。"

"医院？"珉珉马上睁开眼睛，有点紧张的样子。在珉珉的认知里，医院可是一个恐怖的地方，最恐怖的莫过于针头还有输液的吊瓶！

"妈妈……那个，我肚子不痛了。"珉珉支支吾吾地说。

妈妈有点生气，不过想了想，还是蹲下身子，温和地对珉珉说："珉珉，看着妈妈的眼睛，妈妈现在问你，刚才你说肚子痛是不是骗妈妈的？"

"对不起，妈妈……"珉珉点了点头，小声地说。

"好了，只要你承认错误就好，妈妈不怪你，不过你能跟妈妈说说为什么不想去幼儿园吗？"

"昨天我在芳芳的本子上涂了几个圈圈，怕她发现……"

妈妈不知道芳芳是谁，不过珉珉显然是害怕人家发现他的恶作剧。

"珉珉，妈妈相信你是响当当的男子汉，做错了事就要去承担，相信妈妈，只要你主动承认错误，芳芳不会怪你的。"

珉珉点了点头，收拾起低落的情绪，高高兴兴地去上学了。

妈妈的释疑站

撒谎肚子痛不去上学是小孩子常用的伎俩，除此之外还有各种各样令人哭笑不得的理由，比如"小朋友不和我玩耍""老是抢不到想玩的玩具""我得了重感冒，怕传染给同学""某某某请过假，我一次也没有""今天要讲故事，我怕我讲的故事没人听"等等。

这些理由大多是他们不想上学而编造出来的借口，而撒谎的真实原因往往是这样的：

1. 不想与大人分开，"分离焦虑"在作祟

在上幼儿园之前，孩子一直和爸爸妈妈一起生活，已经习惯了爸爸妈妈给予的安全感，而上幼儿园之后，孩子要面对完全陌生的环境，这时就会产生害怕、焦虑等情绪，不想上学。

2. 害怕遭到老师批评

刚上幼儿园的孩子通常会有点害怕老师，害怕自己表现不好受到老师的批评，而且有的孩子好胜心强，十分在意老师的评价，一旦受到批评就觉得老师不喜欢自己了，从而不想去上学。

3. 因为没什么朋友

有些孩子不懂得如何与小朋友相处，经常和其他小朋友闹矛盾，时间久了，没有什么朋友，所以也不喜欢去幼儿园。

4. 因为受小朋友欺负

在幼儿园里，总有一些喜欢欺负其他小朋友的孩子，如果孩子受到了其他小朋友的欺负，自然不想去上学。

当然，除了这些较为常见的原因外，家长还应该根据自己孩子的情况具体分析，通过和孩子沟通，找出孩子撒谎不上学的其他原因，进而对症下药，采取一些针对性措施。

妈妈的智慧锦囊

对于家长来说，如何让孩子开开心心地去幼儿园是一道很重要且必须克服的难关，在了解了孩子撒谎不去幼儿园的原因以后，我们应采取以下措施：

1. 缓解孩子的分离焦虑

孩子出现分离焦虑，很大程度上是因为缺乏安全感引起的，因此，家长要帮助建立并巩固孩子的安全感。比如及时满足孩子的生理和心理需求，多一点时间陪孩子，和孩子经常玩一些亲子游戏，等等。当然，家长还要掌握一些策略，比如在送孩子去幼儿园的时候和孩子做好约定："你先在幼儿园里开心地玩耍，等到下午放学时，妈妈一定来接你。"

2. 让孩子正确面对老师的批评

告诉孩子：老师批评某个孩子并不代表老师不喜欢他，老师这样做仅仅是在指出学生的错误，让他去改正，不断进步。

3. 教孩子与人相处的技巧

从幼儿园开始，孩子的人际交往大门才可以说是真正意义上的打开了，家长应该教孩子如何与人相处，比如教孩子礼貌待人、热情大方、积极主动等等。

4. 教孩子应对冲突矛盾的方法

在幼儿园，孩子避免不了要与人发生冲突、矛盾，也可能受到其他小朋友的欺负，如果不是特殊情况，家长应尽量让孩子自己去解决问题。家长可以教孩子一些应对方法，比如要学会谦让，做错事要主动认错，不要意气用事用拳头解决问题，等等。如果碰到比自己大的孩子欺负自己，可以大声地对他说"不许打人"，然后寻求同学或是老师的帮助。

创造一种轻松、有趣的对话氛围

德国著名教育家罗特·克雷奇默曾说："如果家长能采用一种平静、镇定、理解的方式对待子女的说谎问题，那么从一开始就能避免许多谎话和不必要的争论。"其实，这就是说让家长为孩子创造一种轻松的对话氛围。当然，我更建议在这里面加上一些技巧性的东西，比如让谈话变得有趣一些，新颖一些。

墙上的绿巨人

周末的时候，妈妈和一个好朋友约定好去看自己新装修的房子，洛洛也要跟着去，为了不让洛洛一个人无聊，妈妈告诉朋友也带上她家的孩子哲哲。

到了新装修的房子那里，妈妈带着朋友参观，两个孩子自己去玩耍。可是等到洛洛妈妈再次回到客厅的时候，发现洁白的墙壁上多了一个张嘴哈哈大笑的怪物画像，像是绿巨人或是大力水手（妈妈根本没想到这时的孩子已经不是看大力水手的年代）这些已经不重要了，因为洛洛妈妈现在十分愤怒，想要知道这是哪个调皮鬼的杰作！

"哲哲，告诉妈妈是不是你画的？"朋友首先发问了。

"不，不，不是我。"

"阿姨，不是我！"

"是你，我刚才都看见了！"

……

看着眼前两个像是小火山一样的大人，两个孩子已经被吓呆了，嗫着嘴巴，一副气呼呼的样子，都说是对方干的，甚至哲哲还大哭起来。

气氛有点紧张，洛洛妈妈的态度缓和了下来，上前去安慰哲哲："哲哲，阿姨相信不是你画的，来来来，我们参观一下，看看这是谁的杰作，画得还真像呢，像是……电影里的绿巨人（现在洛洛妈妈的思维终于转换了过来）。"

"真的呢，而且现在很多家里的装饰都有漂亮的绘画呢。"朋友也装着夸奖说。

"可是就是不知道这幅画是哪位小设计师画的。"洛洛妈妈接过话，感叹道。

"妈妈，阿姨，你们真的觉得这幅画好吗？"这时洛洛站了出来，略显骄傲地问。

"是呀。"哲哲妈妈说。

"是的，妈妈很喜欢，不过要是能填充上颜色就更好看了。"洛洛妈妈建议道。

"妈妈，阿姨，你们还不知道吧，这幅画是我画的呢。"洛洛自豪地承认了。

"原来是洛洛呀，不过你画得虽然很好，可是涂在墙上还是不好的，你看，我们还没住进来呢，绿巨人就住进来了，洛洛才应该是房子的主人呢。"

听着妈妈幽默的话语，洛洛有点想笑，但是又有点惭愧，有点害羞，妈妈继续说："而且刚才洛洛向妈妈和阿姨撒了谎，还把错误推给哲哲，这都是不对的。当然，妈妈不会再责怪你，只要你知错就改，以后一人做事一人当，还是个好孩子。"

"妈妈，我知道了。"洛洛惭愧地低下了头。

"对不起，哲哲，刚才……"洛洛很聪明，知道妈妈是让自己给哲哲道歉。

"没关系啦。"哲哲拉着洛洛的手，原谅了洛洛。

看着问题完美解决，两个孩子又重归于好，两位妈妈相视而笑，继续去看房子了。

妈妈的释疑站

不得不说，两位妈妈都是十分睿智的家长，在两个孩子吵得不可开交，互相指责对方撒谎的时候，没有发脾气，也没有"严刑逼供"，而是以一种较为舒缓的气氛巧妙引导，让孩子放下因为怕被指责而产生的恐惧。最后，撒谎的洛洛主动承认了错误，并向哲哲

道了歉。

我想没有人喜欢被压力强迫的那种感觉，孩子也是一样，当他们撒了谎，犯了错的时候，面对家长给予的压力，诸如责骂、惩罚、批评等等，很可能会选择用谎言来掩盖自己的错误行为，这是孩子自我保护的一种表现。因此，可以说，孩子撒谎，很大程度上是因为我们给孩子的强大的压力造成的。而如果我们能换一种方式，创造一种较为轻松、有趣的对话氛围，与孩子平等沟通，孩子就会很愿意吐露他们内心深处的真正想法，自觉地承认错误。

孩子撒谎的时候，很多家长都会把气氛弄得很紧张，这种严肃的氛围看似对解决问题有所帮助，实则不然，我们会发现，很多孩子都会在压力面前选择继续撒谎，而不是坦然地承认错误。因此，我们在与撒谎的孩子对话的时候，应该创造一种较为轻松、有趣的对话氛围，帮孩子卸下压力，让孩子向我们吐露心声。那么具体该怎么做呢？

首先，要来一点严肃氛围做铺垫。面对撒谎的孩子，如果我们一上来就笑脸相迎，孩子很可能会觉得自己的撒谎行为是无关紧要的小事，就不会放在心上。因此，当孩子撒谎后，有必要制造一点严肃的氛围，让孩子意识到，他确实犯了错，家长很生气。不过请记住，这时千万不要指责孩子，强迫孩子去认错。

然后，营造轻松的谈话氛围。紧张的前奏过后，我们要逐渐变换态度，比如在语气上逐渐放缓，尽量变得温和一些，在动作上可以由站着的姿态改为坐着或是蹲着的姿态，在表情上平视孩子的眼睛，让孩子感觉到你是在试着理解他。这时可以试着跟孩子讲一些道理，比如告诉孩子撒谎是不好的行为等等。

最后，来点技巧，创造一种有趣的对话方式。如果苦口婆心的教导还是不起作用，说明孩子对你的这套教育方法已经产生了免疫力，这时你就应该换一种方法了，比如像案例中那样，创造一种有趣的对话方式。做到这一点需要家长随机应变，或是掌握一些幽默的说话技巧。

与说谎的孩子有效沟通的小技巧

为什么孩子撒谎的毛病屡教不改？为什么与撒谎的孩子沟通起来异常困难？为什么孩子不愿意和我们敞开心扉……其实这都是缺乏一定的沟通技巧所导致的，沟通架起家长与孩子之间心灵世界的桥梁，尤其在面对说谎的孩子的时候，恰当的沟通方式尤为重要。具体来说，家长应该掌握以下几个沟通技巧：

技巧一：和孩子做朋友，以平等姿态交流

和孩子做朋友，家长与孩子之间的沟通障碍会减少，当孩子犯错时，他们会想到通过和家长沟通来解决问题，这能从一定程度上减少孩子的撒谎行为。与孩子做朋友，意味着大人要适当放下自己的架子，以平等的姿态和孩子交流。

家长要学会尊重孩子，比如当孩子撒谎时不要武断地下结论，而是应该聆听孩子的解释；要放低姿态和孩子说话，比如和孩子说话时不要总是高高在上，以一种强迫、命令的语气让孩子说出事实真相，而是应该蹲下身子，平视孩子的眼睛，尽量用温和的语气和孩子交流；要学会站在孩子的角度考虑问题，比如帮孩子说出他现在的感受，说出他不得已撒谎的理由，让孩子感觉到你是理解他的，爱他的；等等。

技巧二：与孩子沟通，拒绝先入为主

和撒谎的孩子沟通时，很多家长都会想当然，犯先入为主的毛病，给孩子扣上一顶说谎的帽子，对孩子缺乏一定的尊重和理解，这是造成亲子沟通障碍的重要原因。成长中的孩子需要爱和理解，需要尊重和信任，在没有弄清事情真相之前，不要先入为主地为孩子建立"错误档案"，认定孩子就是在撒谎，也不要因为孩子一次撒谎就给孩子贴上"爱撒谎"的标签。

技巧三：学会倾听，做孩子的听众

在与孩子沟通的过程中，善于倾听也是一种重要的沟通方式，而事实也证明，如果家长能多扮演一下倾听者的角色，孩子更愿意说出藏在心底的话。要做到这一点，就要求家长给孩子解释的机会，而且在孩子解释撒谎的原因的时候，尽量不要去打断他，让他把话说完整。有时你会发现，孩子撒谎也可能是出于善意的。

技巧四：与孩子进行非语言交流

美国语言学家艾伯特·梅瑞宾曾经做过一项研究，研究表明，人与人之间的沟通只有7%是通过语言进行的，剩下的93%是通过非语言沟通的，其中音调的高低占38%，面部表情、形体姿态和手势等肢体语言占55%，由此可见非语言沟通的重要性。

与撒谎的孩子沟通时，也可以运用非语言交流的技巧。比如从说话的声调这一方面来讲，要学会"低调说话"，即抛掉大喊大叫、喋喋不休的斥责，转而用低声调、温和的方式和孩子沟通。而从肢体语言这一方面来说，可以运用眼神的智慧，比如当孩子撒谎的时候，给孩子一个严厉的眼神；当孩子撒谎后给他一个鼓励的眼神，鼓励孩子说出事实真相。

第七章

潜移默化，塑造孩子诚实守信的品质

作为家长的你或许有这样的体会，有时候不让孩子做什么，可孩子偏偏会做什么，比如你百般叮嘱"不要撒谎"，但孩子的撒谎行为偏偏屡禁不止，甚至孩子还会因为你的不断唠叨和你对着干。其实，我们不妨转换一下思维，在生活中潜移默化慢慢培养孩子诚实守信的品质，这样也能在一定程度上减少孩子的撒谎行为。

道德教育，为孩子立下诚实的道德标杆

德国著名诗人海涅曾说："生命不可能从谎言中开出灿烂的鲜花。"确实，诚实是一种美德，有了它，生命的色彩才会更鲜艳。

对于孩子来说，诚实还是自身成长过程中所必需的一种品质，一个诚实的孩子走到哪里都受欢迎，而满嘴谎话的孩子往往得不到他人的信任和喜爱，因此家长应该从小就对孩子进行道德教育，为孩子立下诚实的道德标杆，让诚实成为伴随孩子成长的一种重要品质。

丹丹的车票

丹丹一直想去西安看兵马俑，暑假的时候，爸爸妈妈特意请了几天假，来一次家庭旅行。在售票窗口，妈妈问："今天上午的火车，我们三个到西安多少钱？"

"大人全票是515.5，孩子如果够一米二的话要买半票，您孩子多高？"年轻的售票员问。

"一米二二。"妈妈回答。

于是，妈妈买了两张成人票和一张儿童票，爸爸为此有点不高兴，对妈妈悄悄抱怨说："本来能省二百多的，售票员的眼睛又不是标尺，你说一米一九，她也看不出来嘛，干吗那么老实？"

"你说的是没错，可是她知道自己有多高，难道你要让我当着孩子的面撒谎吗？"妈妈白了爸爸一眼说。

丹丹爸爸有点惭愧地摇了摇头。

妈妈的释疑站

相信年轻一辈的父母在自己小的时候大多都有这样类似的体验：在买票报身高的时候故意说矮一点，或是在量身高的时候身子故意矮一点。而等我们做了家长以后，仍然有这样的心理，就像案例中的爸爸一样。但是，要教孩子做一个诚实的人，首先家长自己应该以身作则，为孩子树立一个好的榜样，要让孩子知道，在任何情况下，无论别人是否察觉都不能随便撒谎，因为欺骗别人的同时也是在欺骗自己，自己的内心会不安，会受到谴责。

诚实是一种可贵的、无价的美德，而说谎很多时候则是一种既会给自己，又会给他人带来伤害的行为。对于孩子的成长来说，诚实的品质有着重要的意义，为人诚实会让孩子在以后的人际交往中获得更多的尊重和信任，受到更多的关怀。而且，诚实品质还可以抵御不良行为的侵袭，比如撒谎、弄虚作假、挑拨是非等等。因此，家长应该给孩子以良好的道德教育，为孩子树立诚实的道德标杆，让孩子成为

一个善待自己、坦诚待人的人。

妈妈的智慧锦囊

家长应该在日常生活中给孩子良好的熏陶，在生活中的每一个细节上对孩子进行诚实的道德教育。以下是塑造孩子诚实品质的几点建议：

1. 为孩子树立诚实的榜样

美国著名心理学家大卫·艾尔金德认为，要想让孩子有教养，守诚信，首先妈妈必须是一个诚信的人。即如果妈妈是一个诚实、守信、正直的人，那么孩子也会具有这些品质。可以说，家长的言行举止对孩子有着重要的潜移默化的作用。因此，教育孩子诚实，家长首先要做一个有责任心、以诚待人的人。当家长做错事的时候，也应该向孩子诚恳地道歉。

2. 从点滴做起，培养孩子诚实的品质

孩子诚实的品质不是一朝一夕就能形成的，而是需要一个长期积累的过程，需要长期的坚持和耐心。因此，家长应该从点滴做起，将对孩子的诚实教育渗透日常生活的点滴琐事中，塑造孩子的诚实之心。

比如家长应该从小教育孩子说真话，不说假话；不随便拿别人的东西，借了东西要及时归还；做错事的时候，要勇于承认错误并及时改正；与人相处的时候要坦诚；学习上和生活上遇到问题，不能弄虚作假；等等。

3. 为孩子营造诚恳、互信的家庭氛围

良好的家庭氛围是孩子健康成长的必要条件，家长应该为孩子营造一种诚恳、互信的家庭氛围。为此，家庭成员之间要做到坦诚相待，互相信任。孩子尽管还小，但是如果从小受到尊重和信任，将来便会懂得如何去尊重、信任他人。

如果孩子有撒谎的行为，家长要在一种轻松的氛围中，告诉孩子撒谎的危害，比如撒谎会让人陷入一种尴尬的境地，同时撒谎也可能会失去父母、老师、同学、朋友对自己的信任。这样的话，孩子就能在诚实互信的氛围中受到启迪。

寓严于宽，让撒谎的孩子学会承担责任

孩子在成长的过程中难免会犯错，家长要学会寓严于宽，以一种宽容的心态来看待孩子的错误，并引导孩子在犯错后承认自己的错误，学会承担责任。

10块钱的惩罚

诺诺在学校玩耍的时候不小心把手弄伤了，老师带他去医务室上了药膏，贴了创可贴，然后打电话告诉诺诺妈妈这件事，妈妈对老师表示了感谢，并让诺诺第二天把老师帮诺诺垫付的10元钱带给老师。不料，诺诺在拿到这一笔"巨款"后，没有还给老师，而是偷偷花掉了。然后，诺诺对老师说自己忘带钱了，回家对妈妈说钱已经还给老师了。

妈妈知道事情的真相却是在三天后的家长会上，这天妈妈随口问了一下老师，才知道诺诺撒了谎，妈妈对于诺诺的撒谎行为很是生气。回家后，妈妈把诺诺叫到跟前，问道："诺诺，你觉得你是个诚实的孩子吗？"

诺诺猜想妈妈准是在家长会上知道自己撒谎了，低着头先是不说话，而后承认了自己的错误："妈妈，我是撒谎了，我把钱花了，没有还给老师。"

"好，现在认错也可以，但是既然做错事就要承担相应的责任，接受一些惩罚。"

"什么惩罚？"听到"惩罚"两个字，诺诺有点害怕。

"罚你一个月不能碰电脑，也不能玩手机游戏。"

"为什么用我喜欢的事来罚啊，我不干，我要换别的。"诺诺极力反对。

"反对无效，否则'大刑伺候'！"妈妈威胁道。

诺诺只好低着头，不情愿地接受了妈妈的惩罚。

妈妈的释疑站

面对不诚实的孩子，我们总是想要以一种较为严厉的态度来教导他，比如像诺诺的妈妈一样，罚诺诺一个月不准碰电脑，不准玩手机游戏。妈妈的出发点是好的，但是方式却不恰当，因为诺诺在感受到妈妈的强权后，很容易对妈妈产生怨恨，产生逆反心理，为亲子关系埋下隐患。

很明显，妈妈在教育诺诺的时候陷入了一个误区，认为"严"就是惩罚，用惩罚就能让撒谎的孩子认识错误，承担撒谎的责任。其实

让孩子学会诚实、学会承担责任并不是通过惩罚的手段来实现的，而是在帮助孩子弥补过失，解决问题的过程中实现的。

比如在这个事例中，妈妈应该让孩子给老师道歉，并向老师表示感谢，然后让孩子把这10块钱还出来，家长可以从孩子的零用钱里扣除或是让孩子通过做家务等劳动获得。

这个过程就是让孩子承担自己说谎后果的过程，也是孩子弥补过失、改正错误的过程。在这个过程中，孩子会逐渐懂得做错事要承担后果、承担责任的道理。当他以后想要撒谎的时候，首先想到的是这样做的后果和应该承担的责任。通过理性的分析，孩子就能控制住自己的冲动，遏制自己的撒谎行为。

妈妈的智慧锦囊

对待撒谎的孩子要"严"，不过这里的"严"不是惩罚和打骂，而是一种寓严于宽的方式，在宽容的基础上引导孩子，帮助孩子学会承担责任，从问题和错误中获得成长。那么具体说来该怎么做呢？

首先，家长要有一颗宽容的心。宽容，但不等于纵容，宽容是在理解、接纳孩子错误的基础上引导孩子去思考，去弥补错误，去承担责任。

其次，要帮助孩子弥补过失，提升孩子的能力。比如孩子把杯子打碎了，这时家长要做的不是罚孩子站墙角，而是应该引导孩子去清理玻璃的碎片，告诉他怎样拿杯子才不容易摔碎，同时引导他思考今后遇到类似的问题如何处理，让孩子学会承担责任。

最后，在日常生活中培养孩子的责任感。比如让孩子自己的事情自己做，让孩子尝尝不负责任的苦果，让孩子明白自己对家庭、对集体的责任，等等。

教孩子信守承诺，莫要食言他人

诚信是做人的根本，是通往成功之门的一把钥匙。一个诚实守信的人，自然有高尚的品格，不会去弄虚作假或是满口胡言欺骗别人。诚信的品质应该从小培养，家长作为孩子的第一任老师，一定要教孩子信守承诺，莫要失信于他人。

生日派对的约定

周末，小默的好朋友罗丝过生日，罗丝准备在家里搞一场生日派对，邀请同学们和好朋友们来参加。小默和爸爸妈妈商量好，约定在九点之前回家，不过生日快乐的氛围很快冲淡了小默的时间观念，等到小默意犹未尽地回到家门口时，手表的指针已经毫不客气地指向了表盘上十一点的方向。

小默叹了口气，看到爸爸妈妈的房间灯还亮着，小心翼翼地打开家门，生怕发出一点响声。可是等他关上房门转过身才发现，妈妈已经在客厅的沙发上正襟危坐，看来已经等候多时。小默内心忐忑不安，等待自己的是暴风雨呢，还是暴风雨呢，还是暴风雨？⋯⋯

场景一：

小默走到妈妈身边，对妈妈说："妈，我回来了。"

"知道回来了？看看现在几点了？"妈妈平淡的话语中夹杂着一丝严厉。

"十一点一刻。"小默抬手又看了看让他大为恼火的手表。

"说好的几点回来？"妈妈的语气有些冷，仿佛冻住了一般。

"九⋯⋯九点。"做错事的孩子通常有点小结巴，小默也是。

"你还有没有点时间观念？晚回两个小时，两个小时什么概念，你知不知道这两个小时妈妈多担心你，怕你出什么事，你说你都是六年级的孩子，马上要上初中的人了，怎么还这么不懂事，就算晚回来，为什么连个电话都没有？好，你可以说你没有手机，那同学家总有电话吧？⋯⋯好了，不说你什么了，以后你再也别想出去玩了！"妈妈的脾气像山洪一样爆发了。与此同时，小默也很懊恼，懊恼自己做错事，没按约定的时间回家，也懊恼妈妈一点也不体谅自己，感到十分委屈。

场景二：

小默走到妈妈身边，对妈妈说："妈，我回来了。"

"嗯，看看表，现在几点了？"

"十一点。"小默抬头看了看墙上的挂钟。

"没有什么要说的吗？"

"对不起，妈妈，玩得太开心就忘了，我开始以为九点就能回来的，不知不觉就玩到了十一点。"小默解释。

"没有预料到可以理解，但是你为什么不向家里打个电话，以免我们担心你？你可以说是没有自己的手机，但是你可以用同学家的电话打，是不是？遇到这种情况，你应该和我们商量，自己采取行动是不对的，你觉得呢？"

"嗯，对不起，妈妈，是我没有考虑好。不过，下次好朋友过生日的时候我能不能把时间延长到十一点呢？因为九点走真是太扫兴了，而且太早离开，感觉不是很好。"

"这样吧，十点怎么样？十一点还是太晚了，你走夜路，太晚的话，我和你爸不放心。"

"好，那就这么定了，如果有特殊情况，我会给你们打电话的。"

"嗯，这次你没有遵守承诺按时回家，妈妈可以再相信你一次，下次时间调整了，你能按时回家吗？"

"能！"

"你已经失信一次了，如果下次再犯怎么办？"

"如果再犯，我就惩罚自己再也不去参加同学的生日派对。"

"好，一言为定，妈妈相信你会遵守约定的，快去洗漱，晚安。"

"谢谢您，妈妈，晚安。"

妈妈的释疑站

作为家长的你更赞同哪一种教导方式呢？而实际上你又是采取的哪种措施呢？相信很多父母内心的思维模式一定是后一种，但是表现在行动上却是前一种。很多父母在教育孩子的时候总是喜欢说一些带有恐吓性质的话，诸如"你以后再也不许……""再……就……"等句子，这些话并不能让孩子信守承诺，等到下次的时候，孩子可能会找出更多的谎言，比如告诉你："妈妈，今天到同学家做作业，晚一点回来。"而实际上，他有可能和同学出去玩了。

显然这种方式是行不通的，教孩子信守承诺，家长要与孩子建立一种彼此尊重、彼此信任的关系，然后构建规则的运行方式以及奖罚方式。场景二中的妈妈很好地运用了这一方法，先是听孩子解释回来晚的原因，这是尊重孩子的表现，然后与孩子重新约定，调整时间，最后，让孩子自己制定不遵守约定的惩罚方式。由于是孩子自己说出的，并且得到了妈妈的信任，相信孩子以后会按时回家的，即使不能按时回家也会提前跟妈妈解释，不会用谎言来遮掩事实。

妈妈的智慧锦囊

"人而无信，不知其可也"，从小处讲，信守承诺能帮助孩子建立良好的诚信意识，减少撒谎行为的发生；从大处讲，信守承诺是衡量一个人的道德标准，是通向成功之门的一把钥匙，是孩子受益一生的品质。因此，家长应该从小培养孩子信守承诺的品质。那么具体来说，有哪些方法呢？

1. 帮孩子树立诚信意识

在平时，家长可以给孩子讲讲有关诚信的故事，比如"季布一诺千金""商鞅立木取信"。与此同时，家长应该对孩子的行为进行监督，让孩子做到"言必行，行必果"。

2. 与孩子做约定

"拉钩上吊，一百年不许变"，这句稚气的话语在孩子看来是订立契约的重要仪式。家长不妨和孩子做一些这样的约定。另外，"约法三章"也是不错的选择，是约束孩子的行为、遏制孩子的撒谎行为的一种重要技巧。

3. 满足孩子的需求

家长都希望自己的孩子诚实守信，但是事实上，所有孩子都有过撒谎、食言、违约等行为，究其原因，很多是我们不能满足孩子的需求所导致的。比如孩子想要买喜欢的玩具，我们不答应，孩子就会撒谎说其他小朋友都有，唯独自己没有。因此，当孩子提出一些合理需求的时候，家长应该尽量满足他。

从一个故事开始，教会孩子诚实

我们都是听故事长大的，我们在孩童的时候，就听过"狼来了"的故事，从这个故事里，我们知道了说谎的严重性，说谎不仅会让我们失去他人的信任，还会给自己带来难以挽回的损失。当然，这个家喻户晓的故事在今天仍有它的意义和价值，教育孩子诚实，不妨从这个故事开始吧。

"狼来了"的故事

三岁的乐乐已经知道了撒谎的意思，并且小家伙以此为乐，经常说一些谎话来骗大人，"妈妈，我要去厕所""妈妈，我的鞋子坏了""妈妈，杯子里没水了"，然而事实上，他根本不想去厕所，鞋子也没坏，杯子里的水还有半杯。妈妈觉得乐乐总是这样骗大人可不行，于是她给乐乐讲了一个故事：

从前，有一个放羊娃，他每天都去山上放羊，可是整天看着羊吃

草，他觉得很无聊，于是他想了一个寻大家开心的主意。一天，他向
山下正在田里劳动的农民伯伯喊："不好啦，狼来了，狼来了，救命
呀。"村民们听到喊声，忙拿着锄头和镰刀往山上赶，可是等到他们
气喘吁吁地跑到山上的时候，连一条狼的影子都没看到。放羊娃看到
大家的样子，觉得很好玩，哈哈大笑了起来："你们上当了，这里根本
没有狼！"听完放羊娃的话，大家生气地走了。

放羊娃觉得好玩，等到第二天的时候他又向山下喊，村民们又跑
了上来，当然，这次大家仍然没看到狼，放羊娃又哈哈大笑说："哈
哈，你们又上当了！"大家因为放羊娃总是说谎，感到很生气，决定
再也不相信他了。

过了几天，狼真的来了！放羊娃拼命呼救，但是大家以为他又在
说谎，于是谁也不理他继续做自己的农活。最后，放羊娃的很多羊都
被狼吃掉了。

听完这个故事，乐乐有点怕怕的，直对妈妈吐舌头。妈妈知道这
个经典故事起了作用，趁机说："乐乐，大家都喜欢诚实的孩子，都不
喜欢撒谎的孩子。如果一个孩子总是撒谎，大家就不相信他了，所以
乐乐要做一个诚实的孩子。"

乐乐点了点头，似乎是听懂了。

妈妈的释疑站

教孩子诚实的最有效的方法之一就是给孩子讲故事，一般来说，
孩子通常会对故事很感兴趣，家长可以利用平时一些空闲时间或是晚

上睡前那段的时间，给孩子讲一些有关诚实的故事，比如《撒谎的富兰克林》《短耳兔考0分》《手捧空花盆的孩子》等故事，它们都有很强的教育意义。

下面我们介绍一下《手捧空花盆的孩子》这个故事：

从前，有一个国王，他要挑选一个诚实的孩子做继承人，但是该用什么样的方法来辨别哪个孩子诚实呢？最后他终于想出了一个好办法。

一天，他下令给全国的孩子都发一些花的种子，并承诺，谁能培育出最美丽的花朵，就将王位传给他。

种子发下去后，所有孩子都种下了这些种子，并悉心照顾。其中一个孩子也用心地培育种子，但是十天过去了，二十天过去了，一个月过去了，他的种子仍然没有发芽。孩子很着急，也很纳闷，跑去问他的爷爷，爷爷说："是不是你选用的土壤有问题呢？你换其他的土壤试试。"孩子小心翼翼地把种子取出来，换了新的土壤，浇了水，但是几天过去了，种子仍然没有发芽。

很快，国王规定的期限到了，所有孩子都穿着漂亮的衣服，捧着盛开的鲜花，等候国王的评选。可是不知道为什么，国王看到这些争奇斗艳的鲜花都摇了摇头，直到他走到一个捧着空花盆的孩子跟前，才停了下来，亲切地问："孩子，你为什么拿着一个空花盆呢？"

孩子揉了揉哭泣的眼睛，把自己如何种花，但是种子不发芽的经过告诉了国王，国王听完孩子的回答后，高兴地举起孩子的手说："这

就是我要选的继承人。"

听到国王这样说，大家都好奇地瞪大了眼睛，表示不理解，国王这才解释。原来，他发给大家的种子是煮熟的，煮熟的种子怎么可能发芽呢？这时大家才恍然大悟。

妈妈的智慧锦囊

当然，在给孩子讲故事的时候家长需要掌握一些技巧，这样孩子才会听得津津有味，更容易吸收故事中的道理。下面是一些讲故事时常用的小技巧：

1. 采用多种风格，让故事更加有趣

家长可以根据自己的特点、孩子的特点、故事的特点来选择讲故事的风格，不过大多数孩子还是喜欢情绪饱满、语调抑扬顿挫、大惊小怪的讲法。家长可以试一下。

2. 根据故事，和孩子玩角色扮演游戏

有的孩子总是喜欢让大人讲同一个故事，但是一个故事讲十遍，讲几十遍，连大人都感到烦恼，孩子到最后也会听得没有兴趣。这时家长不妨运用角色扮演的技巧，将同样的故事讲出新花样。比如在讲故事时可以一人分饰几角，念不同人物的台词时用不同的腔调。或是和孩子一起，动用身边的道具，演故事的内容。

3. 做个善于提问的好妈妈

在讲故事的过程中，家长要善于提问题，比如给孩子讲"狼来了"的故事的时候，问孩子："你要是放羊的孩子，你会撒谎吗？""农民伯伯为什么很生气？""过几天，狼真的来了的时候，为什么大家都没有帮助放羊娃？"等等。这样就可以让孩子参与到讲故事的过程中来，而不是做一个被动的听众。

4. 引导孩子思考

在讲故事的过程中，不能仅仅是为讲故事而讲故事，更重要的是要引导孩子思考，让孩子明白其中的道理。比如你可以和孩子讨论一下故事中人物的做法，让他想象一下如果是他，他会怎么做，这样的做法会不会受到大家的喜欢。最后还要告诉孩子故事的寓意，让孩子学会诚实。

鼓励+表扬，强化孩子主动认错的诚实行为

　　如果孩子站在我们面前，跟我们主动认错，说自己说了谎，做错了事，我们该怎么办？是批评还是该表扬？相对于以批评为主的方式，我更倾向于以表扬为主，这是因为当孩子主动找我们认错的时候，他的内心往往是愧疚的，也是不安的，愧疚的是自己犯了错，不安的是怕自己得不到家长的原谅，受到批评与指责。这时如果再去批评指责孩子，无异于在孩子的伤口上撒盐。因此，对于孩子主动认错的诚实行为，家长应该给予鼓励和表扬，以此让孩子养成知错就改的好习惯，并强化孩子主动认错的诚实行为。

相机盖上的划痕

　　一个温暖的午后，妈妈在客厅里拖地，暖暖的阳光透过玻璃窗洒在瓷砖上，泛起一片片明亮的光晕，妈妈的额头微微渗出些汗，梅梅拿着自己的小手帕走了过来说："给，妈妈。"妈妈接过手帕，一边擦汗一边微笑着对女儿说："我们的梅梅真是长大啦，懂得关心妈妈了。"

梅梅腼腆一笑，接过手帕，站在那里不动也不说话。妈妈觉得这小丫头准是有事，于是放下拖把问女儿："梅梅，是有什么事要和妈妈说吗？"

"嗯，不过您要先答应我，不能发脾气，然后我才说。"梅梅忸怩了半天。

妈妈心里犯嘀咕：女儿这是犯了什么错误？还这么郑重其事，不行，我得逗逗她。于是，妈妈装作一副认真的样子说："那要看什么事了，要是小事情呢，当然没问题，但要是大事情，妈妈……尽量做到，嗯，尽量做到。"

"不行，不行，'尽量'不行，您一定要先答应我。"女儿有些急了。

"我保证基本都做到，如果万一……"妈妈拉长声调，不过并没有说万一什么。

"您这样，我就不说了。"梅梅嘟着小嘴嘟囔道。

"好吧，看你这么积极主动认错，妈妈就答应你了。"

"妈妈，您怎么知道我犯了错？"梅梅有点惊讶。

"谁让我是你妈呢？别岔开话题，说吧，我们大小姐犯什么事儿了？"妈妈一副洋洋自得的表情。

"妈妈，那个……相机盖花了。"梅梅小声说。

妈妈让梅梅拿来相机，果然在相机盖上有两道清晰可见的划痕。相机盖划了倒没什么，关键是里面的镜头不要弄坏了才好，妈妈打开相机盖，所幸的是镜头完好。妈妈放下心来，平静地问："说说，怎么回事？"

"前天我拍完植物标本的时候，忘了把相机收起来，放在了凳子上，结果……结果就掉到了地上。"梅梅小心翼翼地解释。

"这样啊，好，妈妈知道了。其实呢，这是一次偶然意外，只要你以后用的时候多加注意就行啦，况且你还主动承认了错误，是个诚实的孩子，妈妈还要表扬你呢。"

听妈妈这么说，梅梅忽然觉得妈妈好宽容，她给了妈妈一个大大的拥抱，抱着相机开开心心地跑到卧室去了。

"小心哪，刚墩的地，这孩子，夸她两句这么高兴……"

妈妈的释疑站

如果孩子犯了错主动向你认错，你会怎么办？是揪着孩子的错误，严厉地让孩子坦诚一切，还是会像梅梅妈妈一样，用平静又不失幽默的话语鼓励、表扬孩子的诚实行为？我想大家都会喜欢梅梅妈妈的做法。

确实，让孩子不撒谎，不犯错真的是太难了，而更难的是让犯了错的孩子主动承认错误。如果孩子主动来认错，往往意味着孩子已经认识到了自己的错误，有了悔过之意，这是孩子正视自己的表现，也是诚实的表现，我们有什么理由将孩子的这份悔过之心和真诚之心拒之门外呢？因此，当孩子主动来认错的时候，家长要对孩子的诚实行为给予鼓励和表扬，避免长篇大论的冷面说教。

当孩子怀着一颗忐忑的心来向我们认错的时候，他们想得到的是家长的谅解，这时就不要再去指责孩子的过错了，而是应该多一点宽容，鼓励孩子说出事实的真相，并适当给诚实的孩子一些表扬和奖励，让他们明白，大人希望看到他们诚实的表现，并以此强化孩子的诚实行为。

比如孩子做错了事，向你来认错，首先家长要给孩子认错的机会，听他对自己的行为做出解释，如果孩子不好意思开口或是不敢开口，请给他一些鼓励。然后根据孩子所犯错误的严重程度采取相应措施（以讲道理为主）。最后，对孩子的诚实行为进行表扬，强化孩子的诚实行为。

改掉孩子的"偷拿"病，让孩子学会诚实

随着孩子年龄的增长，当孩子进入幼儿园或是学校的时候，家长会发现这样的问题：孩子会经常把其他小朋友的东西带回家，家长发现后问孩子，孩子就说是小朋友送的，或是路上捡的。甚至大一点的孩子还会从家里偷偷拿钱，如果问他，他会编出各种谎言来掩盖事实。面对孩子的"偷拿"行为，家长甚是苦恼。

口袋里的巧克力糖果

当妈妈推着手推车随手拿起一袋蟹棒，看背后的产地和说明的时候，4岁的杉杉正在用力打开一盒巧克力糖果的包装。几经周折，杉杉终于把三颗巧克力糖收入囊中，但是这一切正好被3岁的妹妹撞了个正着，杉杉马上做了一个"嘘"的手势，把其中的一颗巧克力糖塞到了妹妹手里。妹妹露出一个开心的笑容，把糖果塞到了嘴里，杉杉随即也把糖果塞到了嘴里。

妈妈拿了两袋蟹棒，又拿了一袋鱿鱼丝和干鱼片，等她回头看的时候发现，两个小家伙腮帮子的一边都是鼓囊囊的。

场景一：

"你们嘴里含的什么？"妈妈奇怪地问。

"糖……"妹妹把糖果从左边捣到右边，含糊地说出了这个字。

"哪儿来的？"妈妈有点紧张。

因为觉得说话太困难，妹妹用手指了指哥哥，哥哥回瞪了她一眼。

"杉杉，你的糖是哪儿来的？"妈妈有点不高兴了。

"口袋里。"杉杉从口袋里掏出最后一颗糖果。

"巧克力糖？口袋里怎么会有巧克力糖？"因为是刚换洗的衣服，况且妈妈从没给他们买过巧克力糖果，所以妈妈断定杉杉在撒谎。

"说，是不是从架子上偷拿的？"妈妈凶巴巴的样子吓了杉杉一大跳，吓得他差点把一整块糖果咽下去。

"不，不是！"杉杉不知道自己为什么这么大反应，也不知道自己为什么会极力反驳。

"月月，你告诉妈妈，你知道哥哥的糖果是哪儿来的吗？"妈妈转过头问口水挂了一嘴的妹妹。

"盒子，那个。"有点慌乱的妹妹用手指了指那盒少了三颗巧克力糖果的包装盒，然后张着无辜的大眼睛看着哥哥，好像在说："不是我说的，是妈妈问的。"妈妈顺着月月手指的方向很快发现了证据。

"好啊，长本事了，不光学会偷东西，还学会撒谎了，看我不收拾你！"妈妈握着手里的证据，立刻火冒三丈。

场景二：

妈妈问了两个孩子哪里来的糖果，杉杉撒了谎，妹妹说出了实话，妈妈找到了证据。

"杉杉，你怎么解释？"妈妈问。

杉杉低着头不说话。

"妈妈告诉过你，不随便拿别人的东西是一件很重要的事，就和在我们家里，我们彼此信任，不撒谎一样。"

"妈妈，我不是故意的，我就是从来没吃过巧克力的糖……"杉杉小声说。

"妈妈理解你，也知道对于你来说，一盒巧克力糖果是多么诱人。妈妈很高兴你能坦诚地认错，从这一点来说，杉杉的诚实让妈妈感到很欣慰。不过既然现在糖果已经吃掉了，我们就要对这盒糖果负责，妈妈把这盒糖果买了，也算是对你诚实的奖励，妈妈希望你做个诚实的孩子。"

"谢谢妈妈，我会的。"杉杉高兴地说。

妈妈的释疑站

面对偷偷拿的糖果，两位母亲都希望孩子承认错误，但是场景一中的妈妈在教育孩子诚实的过程中始终把孩子放在自己的对立面，不断质问孩子，结果孩子就是犟嘴不认错，而场景二中的妈妈做了一个非常完美的示范，告诉孩子"诚实"是家庭成员之间的一种价值认同，引导孩子，让孩子承认了错误，最后妈妈还表扬了孩子的诚实行为，告诉孩子自己对他的期望，即希望他做一个诚实的孩子。相对于场景一中的教育方式而言，这样的教育方式更智慧、更巧妙。

在日常生活中，孩子的类似的"偷拿"行为让家长们烦恼不已，比如孩子会偷拿自己家里的钱财，偷拿别的小朋友的玩具，偷拿商店里的商品，等等。更让人头痛的是，当你质问他们的时候，孩子多半会选择用谎言掩盖事实，有时即使把证据摆在他面前，孩子仍然犟嘴不认错。其实孩子"偷拿"的行为是孩子成长过程中的一个小毛病，只要家长用正确的方式引导，就能让孩子及时认错，变得诚实起来。

妈妈的智慧锦囊

面对孩子"偷拿"的行为以及由此产生的说谎行为，家长可以参考以下两点建议：

1. 帮孩子建立物权概念

对于年幼的孩子来说，孩子的物权意识比较模糊，对于某件东西的归属没有太清晰的界限，很多时候只要他们喜欢一件东西或是想要一件东西就会收入囊中。

这时候家长应该帮孩子建立清晰的物权概念，比如孩子在玩玩具的时候强调一下：这个玩具是小哥哥的，你只能玩，不能带走；在家里对孩子说："这个水杯是妈妈的，这双拖鞋是爸爸的，这个小碗是宝宝的。"通过这些话语，孩子就能逐渐建立物权概念，不会随便拿不属于自己的东西了，与此同时，孩子因为偷拿别人东西而撒谎的行为也会随之减少。

2. 理性应对孩子的说谎行为

孩子的偷拿行为往往伴随着说谎行为的产生，而且对于年幼的孩子来说，他们的偷拿行为实在不高明，比如孩子偷了别人的玩具，他会很大胆地拿出来玩耍；偷拿了家里的钱，他会很阔气地买一大堆好吃的；偷拿了商店里的小商品，从来不懂得遮掩；等等。因此，当孩子有偷拿行为的时候，我们往往能当知当觉。

另外面对孩子的说谎行为，家长一定要理性应对，不能随便发脾气，而应该动之以情，晓之以理，即多站在孩子的角度表示理解他的感受，跟孩子讲道理，告诉孩子偷拿是一种不诚实的行为，相信通过家长的耐心教导，孩子一定会认识到自己的错误。

总之，当我们碰到孩子撒谎、偷东西等行为问题的时候，要控制好自己的情绪，冷静、谨慎地想一想应对孩子这些行为的措施，寻找最好的方法去解决问题。

第八章

给予爱与宽容，陪爱撒谎的孩子一起成长

　　"人非圣贤，孰能无过"，这个道理谁都明白，但是当孩子撒谎犯错的时候，许多家长往往会被负面情绪所控制，一味地批评、责备孩子。其实，犯错是孩子成长过程中必经的历程，作为家长，要给予孩子爱与宽容，学会善待撒谎的孩子，陪孩子一起成长。

谎言也美丽，学会善待孩子善意的谎言

每一个小孩子都有一颗温柔善良的心，即使是在他们说谎的时候。我们经常可以发现，在他们撒谎的背后，往往有他们特别想要保护的人、物或事。作为家长，我们应该学会善待孩子善意的谎言，发展他们内心善良的秉性。

打翻的糕点盒

明明看到妈妈把一个盒子放在了上层的柜子里，潘潘也看到了。明明是哥哥，潘潘是弟弟，潘潘好奇心大一些，但是胆子有些小。潘潘凑到哥哥耳边悄悄说："哥哥，你猜盒子里面装的是什么？"

"礼品盒？应该是糕点。"哥哥想，这个盒子应该是装糕点的。

"我猜是水果糖。"潘潘喜欢吃糖。

"水果糖不是应该装在罐子里吗？"哥哥问。

"那个不重要啦，我够不着，哥哥你去把盒子拿下来看看好不好？"潘潘一脸祈求的神色。

"我才不去，我又不想吃糖。"明明可不想帮助这个经常捣蛋的弟弟。

"哦，那我去，我拿到了你不许吃。"说着，潘潘拿来一个小板凳，放到了柜子底下，然后站到了凳子上，刚好能够着上层的柜子门，但是潘潘只能用一只手去完成任务，因为他需要靠另一只手扶着柜子上的把手来保持平衡。

潘潘没想到盒子这么沉，突然"啪"的一声，盒子掉到了地上，几块糕点从里面滚到了地上，潘潘傻眼了，哥哥也愣在了那里。

"怎么办？"潘潘一时间惊慌失措，不知道怎么办了。

"快下来捡糕点呀！"明明回过神，对潘潘发号施令。

潘潘急忙从凳子上跳下来，和哥哥一起去捡散落在地上的糕点。"怎么还少一块？"等到他们把捡到的糕点放回盒子里，蹲在地上检查的时候，却发现少了一块。而这时妈妈已经站在了他们身后。

"是不是在找这块？"妈妈轻咳了一声问。

明明和潘潘吓了一跳，潘潘因为做错事被妈妈抓了现行，内心惶恐不安，明明虽然没做错事，但是已然被自己拉进了同谋的行列，他觉得自己作为哥哥没有及时劝阻弟弟也是有责任的。

"说，是谁的主意？谁把糕点盒打翻的？"妈妈有点质问的意思。

明明低着头，不说话，潘潘把头使劲往上衣里面缩，也不说话。

妈妈又试着问了几句，但是两个孩子相当默契，谁也不说话，妈妈感觉自己的好脾气要被耗尽了，正要发火。这时，明明抬起头对妈妈说："妈妈，对不起，是，是我。"

"好啊，终于承认了，那你跟妈妈说说，那个红色的小板凳是怎么回事？"妈妈指着一旁的红色小凳子问。

"凳子？"明明这才想起来，刚才只顾着捡地上的糕点，忘了把凳子放回去了。

"是，是……"明明解释不出来，凳子是潘潘拿的，如果说是自己拿的，妈妈一定不相信，因为自己伸手就能够着上层的柜子。

这时一直沉默不语的潘潘突然"哇"的一声哭了起来，对妈妈说："妈妈，是我，够不着，拿……拿的凳子，不是哥哥，我不想……不想让您觉得我是个坏孩子。"潘潘终于说出了自己不愿承认错误的原因。

妈妈在了解到事情真相后，先是对潘潘教育了一番，然后对明明说："明明，妈妈知道你说谎是在保护弟弟，怕弟弟受到惩罚，你是个善良的孩子，但是这样做，弟弟就不能成为诚实的孩子了，你说呢？"

"嗯。"明明点了点头。

"这盒糕点是买给你们奶奶的，之所以放高一点就是怕你们偷吃，现在好了，给奶奶的糕点也弄脏了，你们说怎么办？"

"这样吧，妈妈，用我和弟弟的零用钱，再给奶奶买一盒。"明明建议道，潘潘也点头附和。

"好，那就这样定了。"

妈妈的释疑站

随着孩子不断成长，他们说谎的形式更趋于丰富，谎言更趋于高级，比如我们可以从案例中看到，明明替弟弟背黑锅的行为，就是一种为了帮助他人掩盖错误，替他人承担责任的善意的行为，这种谎言的出发点是好的。

面对孩子善意的谎言，很多家长不知所措，不知道该是教育惩罚好，还是允许孩子这样的行为。因为这项技能是孩子成长过程，乃至长大成人后走上社会必备的一种技能。但是善意的谎言毕竟是谎言，是一种欺骗性的行为，如果这时不及时教导，孩子以后养成撒谎的习惯怎么办？

其实家长大可不必有这样的顾虑，孩子的撒谎行为是孩子成长过程中的一种正常行为，而善意的谎言恰恰说明孩子能力的进步，比如事例中的哥哥替弟弟承担责任，说明他具有了责任意识；哥哥察言观色，在妈妈即将发火之际，坦然替弟弟背黑锅，说明了他揣测他人情绪能力的进步。因此，面对孩子善意的撒谎行为，家长需要做的不是惩罚教育，而是学会善待孩子。

妈妈的智慧锦囊

有时候谎言也很美，这指的是善意的谎言。面对孩子善意的谎言家长应该学会善待，那么具体来说该怎么善待呢？

首先，如果发现孩子的谎言是善意的，出发点是好的，那么不要急着去惩罚他，教育他，而是应该肯定孩子善意的举动。

其次，家长应该教育孩子对谎言的认知、次数和尺度的把握。善意的谎言也是谎言的一种，既然是谎言，除了一些特定的情形或是场合，少用为妙。家长在肯定孩子的同时也应该告诉孩子这个道理，以免孩子陷入将善意当作谎言的借口的泥潭。

最后，家长要告诉孩子，善意的谎言不一定是解决问题的最佳办法，可以让孩子尝试用其他方式去解决，善意的谎言是迫不得已的候选对策。

给撒谎的孩子一个解释的机会

孩子的很多谎言都是美丽的、善意的，只是他们并不知道这样做会出现不好的结果，或许他们撒谎也仅仅是为了引起你的关注或是重视。因此，如果你的孩子撒谎了，给他一个解释的机会，听听他想要说什么。

我想和它做朋友

妈妈从花卉市场买回一盆黄丽，小小的叶片肉鼓鼓的，十分惹人喜爱。莹莹说这是她最喜欢的花朵，妈妈说这不是花，是叶，黄丽很少开花。莹莹却坚持说是花，显然，妈妈知道莹莹是太过喜欢这朵与众不同的"花"了。

妈妈喜欢种花，家里的阳台上不是晾衣服的地方，而是花儿的天堂，月季、蔷薇、太阳花、矮牵牛、郁金香、天竺葵……不过唯独没有多肉植物，妈妈把刚买回来的黄丽放到一个显眼的地方，然后去忙家务。

过了一会儿，突然从阳台上传来"砰"的一声，妈妈赶忙跑去看，只见莹莹傻傻地站在那里，脚底是碎了好几半的花盆和洒落一地的泥土，旁边是还没扎稳根、折了一片叶子的黄丽。看着纷乱的现场，妈妈生气地问："莹莹，这是怎么回事？"

"妈妈，不是我！"莹莹有点慌张。

"不是你？那花盆会自己碎掉吗？"

"是它自己从花架上滚下去的。"莹莹不知道怎么解释了。

"你的意思是说花盆自己打碎了自己吗？"妈妈真有点生气了。

莹莹低着头，两只小手紧紧地攥在一起，不回答妈妈的话。

妈妈本想发脾气，但是话到嘴边还是忍住了，因为从以往的经验来看，发脾气的效果都不怎么好，妈妈决定今天换一种方式。

"好了，快去拿扫把和簸箕，咱先把地面打扫干净。"妈妈吩咐说。

"莹莹，你去找个花盆，等下栽黄丽用。"莹莹又去找花盆，等到找来了花盆，妈妈一边把一些能用的泥土填到花盆里，一边对莹莹说："莹莹，下次拿花盆的时候一定要小心一点。"

莹莹看到妈妈没发火，不再那么紧张了，妈妈顺势问："你为什么要把花盆从架子上拿下来呢？"

"架子有点高，我……我想拿下来摸摸它，想和它做朋友……妈妈，我不是故意的。"莹莹有点委屈地掉下了眼泪。

"原来是这样啊，妈妈不怪你，只要你下次拿花盆的时候小心一点就可以了，你看摔到地上的黄丽多痛啊，而且它还折了一片叶子。"

听到妈妈这么说,莹莹十分心疼的样子,用手去抚摸黄丽折掉叶子的部位,然后对妈妈说:"妈妈,我以后再也不让它受到伤害了。"

看着女儿善良且坚定的眼神,妈妈笑着点了点头,原来给撒谎的孩子一个解释的机会比武断地批评更有效!

妈妈的释疑站

莹莹打碎了花盆,怕妈妈责骂,因而撒谎。看到说谎的莹莹,妈妈当时很生气,本想大发雷霆,批评指责孩子,但觉得这样的方式没什么效果,于是换了一种方式,让莹莹去弥补过失,给她解释的机会。当莹莹说出自己仅仅是想和新买的植物做朋友的时候,妈妈已经原谅了孩子的行为,并且当莹莹为自己不小心弄伤了植物而伤心、懊悔的时候,妈妈又为孩子的善良而感动。

很多家长不喜欢说了谎还要解释的孩子,认为这是孩子无谓的狡辩,于是不管孩子说什么,都认为孩子是错的,为此,家长还不断抱怨孩子不诚实。其实,我们应该扪心自问,我们给孩子解释的机会、给孩子诚实的机会了吗?所以不要再抱怨孩子不诚实,而是应该给予他们说真话的机会。

妈妈的智慧锦囊

当孩子撒谎的时候,不要一上来就武断地判定孩子的行为,或是大声指责甚至打骂,这样孩子肯定不会将心里的想法告诉我们,久而

久之，家长就会变成无法走进孩子内心世界的人。相反，我们应该给予孩子解释的机会，诚实的机会，让孩子把事情讲清楚、说明白，只有这样，孩子才会心悦诚服地接受我们的教育。

比如当我们知道孩子撒谎的时候，不要立马去斥责他，而是应该先试着缓解一下孩子内心的紧张和不安，可以是语言上的引导，也可以是行动上的安抚，等到孩子的情绪稳定下来了，然后再让孩子解释撒谎的原因，通常这时孩子会很愿意和你敞开心扉。

孩子的无意识撒谎，请别较真

很多妈妈都有类似这样的体验：要孩子去刷牙或是洗脸，孩子就会说"要尿尿"，结果让他去厕所，他又说"没有"；问他手上的伤疤怎么来的，他说是和同学打架弄的，其实是自己不小心摔倒磕的；问他把水壶放哪里了，他说在桌子上，结果你在厨房找到了水壶……你生气地质问他为什么撒谎，孩子会很委屈地回答："我没有！"

其实这些是孩子无意识撒谎行为的表现，家长不必跟孩子太过较真，如果你太过较真，说不定会被气疯掉！来看看彭彭妈妈的日记里是怎么说的。

都是蜜蜂惹的祸

妈妈这个星期出差，要三四天才回来，不过妈妈实在不放心把宝贝交给自己的马大哈丈夫照顾，于是妈妈用两天的时间完成了工作，在第三天的时候，马不停蹄地飞了回来。

妈妈一进家门便朝屋子里喊："彭彭，妈妈回来啦，快来，让妈妈抱抱。"正在玩积木的彭彭一脚踢翻了一块红色积木，从屋子里跑了出来迎接妈妈。"两天没见，想妈妈没？""想。""你爸爸呢？""去买饭了。"妈妈撇了撇嘴，做了一个"果然如此"的表情。无意间，妈妈发现彭彭的胳膊上有一个红红的包，中间好像有一个针眼大小的小口子，妈妈不由得想到了一些网上老师用针扎孩子的视频。

"这是怎么回事？"妈妈有点急切地问。

"幼儿园。"彭彭嬉笑着说。

"是老师用尖尖的东西扎的吗？"

"嗯，用尖尖的东西扎的。"彭彭点点头，不知道他说的是真的还是在撒谎。

"是李老师还是王老师？"妈妈又问。

"李老师。"彭彭毫不客气地选了一个自己喜欢的名字。

"告诉妈妈，你有没有在撒谎？"妈妈想再次确认一下。

"我没撒谎。"彭彭一副十分确定的样子。

"好，现在跟妈妈去幼儿园！"

妈妈一肚子火，立马带着彭彭到了幼儿园，老师周末休息，还好园长在，妈妈指着彭彭胳膊上的包说了半天，园长打电话给李老师，李老师不知道什么事，电话里也说不清楚，急匆匆地来到了学校。

李老师被传唤到园长办公室后有点紧张，说话的时候吞吞吐吐，彭彭妈妈更确信彭彭胳膊上的包和李老师有关。于是妈妈大发雷霆，一边指责李老师，一边要李老师道歉，李老师不知所措，一直说"没有，没有"，总之，说不出个所以然。园长在一边脸色铁青，也没发表意见。

彭彭妈妈打电话给彭彭爸爸："赶紧来幼儿园，你儿子都被老师扎了还买什么饭？！"

"什么扎了？"彭彭爸爸一头雾水，心想：彭彭不是在家里好好的嘛。

"胳膊上的包呀，就说你粗心，这么大的事都没看出来！"妈妈对着电话埋怨。

"你是说彭彭右胳膊上的包是吧？"爸爸问。

"是啊，你知道？"这回妈妈愣住了。

"知道啊，你赶紧回来吧，彭彭胳膊上的包是被马蜂蜇的，刚才几个孩子捅马蜂窝正好被我撞见，我刚给他上了药水。"

妈妈当场石化了，把电话挂了，转身一脸严肃地问彭彭："彭彭，你胳膊上的包是被马蜂蜇的吗？"

"嗯，是被马蜂蜇的。"彭彭竟然点了点头！

"那你怎么撒谎？！"妈妈快要气炸了。

"我没撒谎呀！"彭彭一脸认真的样子。

妈妈感觉自己的肺像一个气球一样瞬间膨胀到要爆炸！这是怎么回事？这孩子怎么随便撒谎呢？妈妈赶紧进屋给李老师和园长道了歉，然后把熊孩子拎回了家，又是批评又是讲道理，等到把自己弄得筋疲力尽，小家伙才承认是自己不小心撒谎了。"不小心撒谎了！"对，熊孩子就是这么说的。

妈妈的释疑站

如果你遇到这样的熊孩子，你也会火冒三丈吧？不过如果你要是跟这样的熊孩子较真，你真的就输了，因为这是孩子的无意识撒谎行为，也就是说他们并不知道自己在撒谎，也并不认为自己在撒谎，所以我们才看到彭彭一脸认真地说："我没撒谎呀。"

尤其对于三岁左右的孩子来说，他们对时间、空间、数量等概念还很模糊，记忆也不准确，很容易出现遗忘性的撒谎现象，比如孩子会把几天前的事情和今天的事情纠缠在一起，例如，前天吃了米饭，今天吃了馒头，孩子会说今天吃了米饭，吃了馒头；会把很多事情混淆，例如他们把奶奶送给自己的裙子说成是妈妈送给自己的。这其中也伴随着孩子的幻想性撒谎，即将事实的真相与他的期望或想象混淆在一起。还有一种是基于大人引导的撒谎，即孩子会顺着大人引导的方向做出回答，案例中的彭彭妈妈问的一些问题恰巧成了孩子撒谎的一部分构成因素。

至此，我们便明白了，为什么彭彭会撒谎，但是后来又否定自己的行为，说自己没撒谎。

那么对于孩子的无意识撒谎，我们该怎么办呢？下面我们来探讨这个问题。

孩子的无意识撒谎行为是在特定年龄段才会出现的现象，一般来说孩子到了五六岁的时候，无意识撒谎行为就会逐渐消失，紧接着代替它的是真正意义上的撒谎问题。对于孩子的无意识撒谎行为，家长仅仅记住四个字就可以了——请别较真。

与孩子较真，你真的就输了，确实，孩子的世界是那么奇特，那么丰富多彩，也许在大人看来是一些幼稚的言行，孩子却信以为真，玩得不亦乐乎。对于孩子的无意识撒谎行为，家长不用刻意地去批评，去纠正，只需要理解孩子的行为，以宽容的态度接纳即可。

另外，绝不要给无意识撒谎的孩子贴上"骗子""大话精"等标签，以免伤害孩子语言表达的热情和神奇的想象力。

呵护"想象性"撒谎的孩子

每当提到孩子撒谎的问题，家长就会头痛不已，其实很多妈妈没想到，在孩子的谎言背后其实还孕育着智慧的种子，比如孩子的"想象性"撒谎就是孩子思维发展、想象力发展的最好见证。

因此，面对孩子的撒谎问题，家长一定要学会区别对待，并且加以正确引导，这样孩子的撒谎问题不仅不会成为令妈妈们头痛的问题，而且可以将孩子培养成一个充满想象力和创造力的聪慧小孩。

蓝色的苹果

3岁的莎莎最近迷上了涂鸦，妈妈特意为她买了一本涂画书，莎莎在桌子上认真地涂着一个苹果，不过她把苹果涂成了蓝色。

"莎莎，你怎么把苹果涂成了蓝色？天空才是蓝色的。"妈妈纠正说。

"我喜欢蓝色，妈妈，苹果也有蓝色的。"莎莎一副认真的样子。

"胡说，苹果怎么有蓝色的！"妈妈也一脸认真。

"就是有，就是有嘛。"莎莎不干了，大哭起来。

会飞的大象

星期天，妈妈带图图去动物园，这是图图第一次去动物园，见到什么都好奇。为什么孔雀有漂亮的羽毛呢？为什么长颈鹿的脖子那么长啊？为什么白天鹅长着大大的翅膀，大象却有长长的鼻子？如果天鹅长一个长鼻子，大象长一双翅膀呢？那这样这个大块头就能带我飞回家了。

晚上，图图回到家，对妈妈说："妈妈，今天是大象带我飞回来的。"

"胡说，你是坐妈妈的车回来的，再说大象没有翅膀，怎么能带你飞？"

"大象有翅膀啊，它长了白天鹅的翅膀，白天鹅长了它的鼻子。"

"什么乱七八糟的，再瞎说揍你！"

"哇"的一声，图图大哭了起来。

跳舞的小草

妈妈和湘湘在公园的小路上散步，湘湘蹦蹦跳跳地走在前面，忽然她看到路中央有一棵小草，湘湘捡起来转过头对妈妈说："妈妈，妈妈，它的脚，它的脚露出来了。"妈妈过去一看，是一棵快要干枯的小草，也装作一副惊恐的样子说："啊，是的，它怎么跑到外面来了，难道是想跳舞吗？"说着，拿着小草在地面上舞动了起来，看着小草

舞动雀跃的样子，湘湘开心极了。

穿裙子的爸爸

周一的早上，爸爸早早去上班，妈妈准备送芬芬去幼儿园，芬芬看到妈妈穿着一条裙子，自己也换上了一条裙子，于是开心地对妈妈说："妈妈穿裙子，芬芬穿裙子，爸爸穿裙子。"

"你什么时候看到爸爸穿裙子了？"妈妈奇怪地问。

"爸爸晚上回来就穿裙子。"芬芬睁大眼睛认真地和妈妈说。

妈妈想准是芬芬很开心，希望这个时候爸爸也在，所以才这么说的，想到这里妈妈说："芬芬是想念爸爸了吧，希望爸爸也在，不过爸爸是男生，不穿裙子的呢。"

"哦，爸爸不穿裙子，爸爸穿裤子。"芬芬想了想这样回答。

妈妈的释疑站

在孩子的世界里，很多东西是凭借他们独有的、丰富的想象力创造的，谎话也可能是一种想象力的发挥。正如案例中我们看到的那样，孩子认为有蓝色的苹果，有会飞的大象，有长着脚的小草，还有穿裙子的爸爸，与其说这些是谎话，还不如说是孩子想象力的结果。

这一点在年龄较小的孩子的身上体现得最为明显，特别是两三岁、三四岁的孩子，语言能力逐渐发展，感情逐渐丰富，想象力爆棚，时不时会说出一些天马行空的想法，而且因为他们不能很好地区分想象和现实，所以常常把想象当成是现实。比如他们会以一副认真的样子告诉他的朋友、同学，"我家有一只企鹅，我和它是好朋友""我家的电冰箱有房子那么大""我的奥特曼和爸爸一样高"等等。

孩子们能够说出这种"想象性"的谎言，说明他们的想象力进一步丰富，生活素材的组织能力在不断提高，因此，家长面对这些孩子，不能像前两个案例中的妈妈那样，粗暴地纠正孩子的错误，而应该向后两个案例中的妈妈学习，呵护孩子的想象力，给予孩子指导。

妈妈的智慧锦囊

严格来说，孩子的"想象性"撒谎行为并不是真正意义上的撒谎行为，也和孩子的道德品质挂不上钩，因此家长不应该将孩子的"想象性"撒谎行为视为"洪水猛兽"进而大肆"讨伐"，以免扼杀孩子的想象力，相反应该呵护孩子的想象力，并给孩子一些正确的指导。那么具体来说该怎么做呢？

首先，不要戳穿孩子的想象力，反而要尽量用语言鼓励孩子。比如上文中，孩子对妈妈说："今天是大象带我飞回来的。"这时妈妈可以这么说："哦，是吗？大象带你飞回来的啊，真是太神奇了。"再比如上文中，妈妈看到孩子把苹果涂成了蓝色，不应该指责孩子，而是可以这样说："嗯，蓝色的苹果虽然没见过，但是很好看，那么，有紫色的苹果吗？"这样的回答和提问，孩子会蹦出更多有意思的想法。

其次，要引导孩子，帮孩子区分现实和想象。比如家长可以直接告诉孩子，哪些是想象的事物，哪些是真实存在的事物。也可以借助一些科幻电影或是童话故事，和孩子讨论现实和想象的区别。

最后，家长要满足孩子想象力方面的表现欲。比如和孩子玩一些扮演角色类的游戏，或是让孩子为一些童话故事续编等等。

点到为止，教出"差不多"孩子

凡事都有度，教育孩子也是一样，尤其是在教育撒谎的孩子的时候，过度的批评不可取，满不在乎的纵容也不可取，唯有做到点到为止，才能教出"差不多"孩子，即什么都差不多，孩子的诚实品格差不多，责任心差不多，知错能改的能力差不多等等。

嘴角的巧克力

不知道为什么，冰激凌和玩具一样，对年幼的孩子来说有着无与伦比的诱惑力，尤其是对于淋淋来说，冰激凌的诱惑不亚于《超级飞侠》的卡通玩具，也不亚于《小猪佩奇》的卡通图贴，虽然这些都是淋淋生活中不可分割的一部分。当然，如果让她在冰激凌和妈妈之间做选择，她还是会选择妈妈，用淋淋的话来说就是："跟着妈妈才有冰激凌吃。"

但是有一次，淋淋竟然因为冰激凌吃得太多吃坏了肚子，自此以后，淋淋很少吃到冰激凌了，但是冰激凌的诱惑又无比巨大，淋淋便去找奶奶诉苦。奶奶禁不住淋淋的软磨硬泡，只好隔三岔五地领着淋淋去买冰激凌。

一天妈妈回家，她正掏出钥匙开门的时候，听到了屋子里奶奶和淋淋的对话。

"快，你妈回来了。"奶奶有点着急。

"不行，吃不了了，冰激凌给您，奶奶，您不要跟妈妈说我在吃雪糕啊。"妈妈能想到，这时的淋淋正在一口吞下一大块巧克力冰激凌。

妈妈进来后，微笑地看着小跑过来的淋淋，还没等妈妈开口，淋淋就对妈妈说："妈妈，奶奶在吃冰激凌，我都没吃，可乖了。"妈妈心里翻了一个白眼，心想这小家伙不仅明摆着撒谎，还拿奶奶来打掩护，真是学精了。该怎么教育她呢，要严肃处理还是怎么着？短短几秒钟，妈妈已经闪过很多念头。最后妈妈把包放到沙发上，让淋淋坐到自己怀里，对她说："有没有吃，妈妈检查一下就知道了。"

"检查？怎么检查？"淋淋有点紧张，又有点好奇。

妈妈亲了一下淋淋的嘴角，然后一脸神秘地说："哦，妈妈知道了，淋淋吃的是香草味的冰激凌。"

"不是，不是，是巧克力味的。"淋淋马上纠正。

"哈哈，完喽，这下被妈妈套话了吧？"奶奶在一旁笑着说。

淋淋这才反应过来，赶紧用手捂住自己的小嘴，那样子别提多可爱了。

"淋淋，不是妈妈不让你吃冰激凌，只不过你每次吃的时候总是狼吞虎咽的，妈妈怕你又吃坏肚子，这样吧，我们来一个约定，只要你遵守，妈妈不仅允许你吃冰激凌，而且即使你没要求，妈妈也会买给你的。"

"什么约定？"淋淋一听，妈妈没有责怪自己的意思，还提出什么约定，十分好奇。

"约定就是你可以吃冰激凌，但是只能吃小盒的那种，偶尔可以吃大盒的，而且吃的时候要一小口一小口吃，不能狼吞虎咽，如果你能做到，妈妈就会经常买给你吃，如果你有一次违反，那么就少一次吃冰激凌的机会。"

"嗯，妈妈，我听你的。"淋淋想了片刻，点头同意了。

妈妈的释疑站

面对撒谎的孩子，是严惩不贷还是放纵宽松？淋淋妈妈的做法给了我们答案，既不是所谓的严惩不贷，对孩子的撒谎行为严肃处理，也不是放纵宽松，对孩子的错误不管不问，而是应该做到点到为止。例如妈妈在发现淋淋撒谎的时候，没有当面揭穿她，也没有给孩子贴上"撒谎"的标签，而是对孩子的撒谎行为进行了暗示，让孩子知道大人已经知道她撒了谎。继而，妈妈提出了一个约定的办法，解决了孩子吃冰激凌的问题，可谓是聪慧至极！

其实，淋淋妈妈的做法关系到教育孩子的尺度的问题，很多家长在教育撒谎的孩子的时候容易走两个极端：一种是以十分严厉的态度来对待，唠叨、斥责、打骂样样少不了。另一种是将孩子的撒谎问题归结为孩子太小的缘故，总觉得孩子长大了自然就懂事了，不撒谎了，殊不知，孩子的撒谎的毛病是从小养成的，如果不及时纠正，"小时偷针，大时偷金"也是常有的事。由此看来，这两种极端做法都不可取，对于孩子的撒谎问题，我们不能忽视，也不能太过严苛，做到点到为止就好。

妈妈的智慧锦囊

在批评教育孩子的时候，家长一定要讲求方法，点到为止，给孩子留下一点思考、反思的空间。要想做到这一点，家长应该注意以下两点：

1. 要避免重复性的无意义的唠叨

很多家长在训斥孩子的时候总喜欢没完没了地唠叨，而且还时不时地质问孩子："我的话你听见了没？"其实孩子对于大人的唠叨是很反感的，但是迫于大人的压力，只能说"我听见了"，其实他根本什么也没听进去。如此一番教导，"左耳朵进，右耳朵出"是常有的事。因此，在批评教育撒谎的孩子的时候，一定要把握这个度，不要重复那些无意义的教导，只要几句话点明你想要表达的意思即可，剩下的让孩子自己去思考。

2. 惩罚不可少，但要注意惩罚的方式和分寸

孩子撒了谎，犯了错，惩罚是应该的，比如孩子不小心把杯子打碎了，撒谎说不是自己打碎的，家长发现孩子撒谎了，这时就应该告诉他，撒谎是不对的行为，并且要惩罚他，例如让他收拾打碎的杯子的残渣，让孩子思考解决问题的方法，如让孩子用自己的零用钱买一个新杯子。在这个过程中，我们注意到惩罚孩子的方式并不是传统的打骂，而是让孩子学会思考解决问题的方法，然后让孩子承担做错事的后果。当然，传统的面壁思过也是惩罚撒谎的孩子的一种方式，不过要把控好面壁思过的时间，点到为止就好。

学会就事论事，切莫翻旧账

很多家长在批评撒谎的孩子的时候总喜欢翻旧账，将孩子以前的撒谎行为拿出来讲述一遍，觉得这样才能让孩子认识到自己的错误。但是，这样翻旧账的行为不经意间夸大了孩子犯错误的严重性，而且教育效果也并不明显，甚至还可能会激起孩子的反抗情绪，因此，在批评教育撒谎的孩子的时候，家长要学会就事论事，切莫翻旧账。

小猫是个好帮手

森碟家的邻居是两位爱养花的老人，每到春天的时候，邻居家的院子里最是热闹，各种鲜花争奇斗艳，蜜蜂蝴蝶在花丛中飞舞，一派繁忙的景象。每当这时，森碟都会跑到邻居家的院子里玩耍。两位老人也乐得看到这个活泼可爱的小姑娘。

一个阳光的午后，森碟在花丛中与蝴蝶嬉戏，邻居奶奶靠在门口的摇椅上晒太阳，看着小姑娘快乐地跑来跑去，像是在欣赏一幅美丽的风景画，慢慢地，老人在这幅画卷中睡着了。

突然"哐当"一声，一盆月季花在台阶上滚了两圈，掉到了小石子铺成的地面上，花盆碎成了两半，红色月季的花瓣撒落在台阶上、地面上。森碟愣住了，站在那里不知道怎么办才好，等到回过神来，她看了看摇椅上安详的老人似乎没有发觉，这才蹑手蹑脚地逃回了家。

这时妈妈在二楼的阳台上晾衣服，正好看到了这一幕。于是，妈妈回到客厅坐在沙发上，等着闯祸回来的森碟。

"森碟？"森碟正要跑进卧室，被妈妈叫住了。

"什么事，妈妈？"森碟红着脸蛋，气喘吁吁地问。

"你刚才跑到哪里去了？"

"去外面玩了。"森碟没有说去邻居家了。

"怎么这么快就回来了？"

"不想玩了嘛。"说完，森碟跑进了自己的房间。

妈妈耐着性子，跟了过去，站在门口问："刚才邻居老奶奶说她的一盆月季花不知道怎么摔碎了，你知道这是谁干的吗？"

"不知道，不是我，不是我。"森碟心虚极了，心想老奶奶这么快就醒来了？还是……看到自己打碎花盆了？森碟胡乱想着。

"还撒谎，刚才我都看到了。"妈妈生气了。

"不是我，是……小猫干的。"不知道为什么，森碟就是不想承认错误。

"小猫？怎么又是小猫，上次就是小猫替你背的锅。"提到上次自己新买的花瓶被打碎，妈妈一肚子火。

"那是我不小心嘛。"森碟想解释一下。

"那这次呢？又是不小心？还有那次，你把墨水瓶打翻，也说是小猫弄的，事后你是怎么保证的？说再也不撒谎了，要做个诚实的孩子，这才几天，老毛病就犯了，我看你这孩子就是不长记性，跟以前没什么两样！"妈妈一股脑地把怒气全发泄了出来，连正在午休的森碟爸爸都听到了。

"就是不小心嘛……"森碟大哭起来。

妈妈的释疑站

当孩子撒谎的时候，很多正在气头上的父母会不自觉地翻旧账，把孩子之前撒谎的事全部翻出来，絮絮叨叨，最后往往是越说越生气，一颗理智的心完全没有了，就像是森碟妈妈一样。

与撒谎的孩子交流的时候，家长切莫翻旧账，为什么这么说呢？因为家长翻旧账无非是想提醒孩子："我之前提醒过你，但现在你又撒谎了，所以你必须要听我的，要有一颗悔过之心，要承认错误。"但是对于孩子来说，以前的撒谎行为都是他成长过程中的污点，这些污点最好永远也不要被翻出来，然而家长却这么做了。试想，你会接受一个人滔滔不绝地罗列你以前做过的错事吗？答案当然是不愿意，孩子也一样，当你不厌其烦地将那些陈芝麻烂谷子的事情都翻出来的时候，孩子的内心是反抗的，他们会以行动来表示对你的反抗，比如他们会抱怨你总是抓住他们的错误不放，或是堵住耳朵不听，甚至放声大哭。

除此之外，家长的每一次翻旧账对于孩子来说都是一种负面暗示，如果家长把翻旧账当成是一种习惯，孩子就逐渐觉得自己无论做什么努力，曾经的污点都无法抹去，随着错误的不断积累，孩子会越来越自卑，甚至自暴自弃。

因此，如果孩子撒了谎，家长不要去翻旧账，旧账是翻不完的，也不要总抓着过去的错误不放，而是要学会就事论事。

妈妈的智慧锦囊

翻旧账是一个坏毛病，且不说教育效果如何，总是翻旧账还会在一定程度上影响亲子关系。因此，在教育撒谎的孩子时，家长要避免翻旧账，尽量用一颗宽容之心去正视孩子的错误。那么，该怎么做到这一点呢？

首先，要学会控制自己的情绪，其实很多翻旧账的行为都是情绪激动的产物，比如孩子面对错误拒不承认，这时家长会控制不住自己的情绪，大发雷霆，自然而然联想到孩子之前撒谎的经历，于是就会把孩子的陈年往事拿出来数落一番，结果不仅不利于事情的解决，而且还常常会把矛盾激化。因此，在批评教育撒谎的孩子的时候，如果家长正在气头上，不妨先冷静下来，等到情绪稍微稳定一些，再教育引导更为恰当。

其次，要就事论事，有什么问题就谈什么问题。很多家长在教育孩子时容易联想，常常将一件比较小的事升级为孩子难以原谅的错误，比如孩子仅仅是撒了一个小谎，家长一经联想，将孩子的撒谎问题归结为道德上的问题，批评孩子是个撒谎的坏孩子。可见，教育孩子时要学会就事论事，比如家长可以直接告诉孩子"这样做不对""这件事，你不应该撒谎""以后要尽量避免再犯类似的错误"等等。

不要当面揭穿孩子的谎言

英国著名哲学家、思想家、教育家约翰·洛克曾说过："父母越不宣扬子女的过错，则子女对自己的名誉就越看重，因而会更小心地维护别人对自己的好评。若父母当众宣布他们的过失，使他们无地自容，他们越觉得自己的名誉已受到打击，维护自己名誉的心思也就越淡薄。"

其实这句话用一句话来总结就是"人前不教子"，如果运用到孩子的撒谎问题上，就是不要当着别人的面揭穿孩子的谎言。这一点真的这么重要吗？下面我们翻开勖勖妈妈的日记，来看看勖勖妈妈是怎么做的，怎么说的。

多出的两颗五角星

妈妈和勖勖在家里唱K，突然妈妈萌发了让勖勖学习街舞的念头，于是问勖勖愿不愿意，看到勖勖表现出对新事物一如既往的兴

趣，妈妈很快就为勋勋报了一个舞蹈班。

舞蹈班有很多同龄的小朋友，女孩子学习芭蕾舞、民族民间舞的较多，男孩子学习拉丁舞、街舞的较多，妈妈问勋勋想学习哪个舞种，勋勋告诉妈妈想学街舞，因为几个男孩子酷酷的样子，让他着了迷。

勋勋报的舞蹈课有一种激励方式，每次上课如果哪个孩子表现好，就会得到一颗五角星，到了周末，舞蹈老师会收回孩子们一周积攒的五角星，如果某个孩子拥有的五角星达到五颗，那么他就会得到一件印有舞蹈班logo的舞蹈服。这对于所有孩子来说都是一个巨大的诱惑，可是因为勋勋性格有点内向，在舞蹈课上不爱表现自己，所以第一周的时候，勋勋只得到了两颗五角星，到第二周的时候好一点，得到了三颗。

周六的晚上，妈妈无意中看到勋勋在数自己手里的五角星，"一颗，两颗，三颗"。妈妈知道勋勋这周只得到了三颗五角星，想要得到舞蹈服是不可能了。妈妈这样想着，正要转身走掉，忽然听到勋勋嘴里念叨着"四颗"，只见勋勋正在从兜里掏出一颗五角星，妈妈扶了扶眼镜框，睁大眼睛，心中画满了问号：勋勋的这颗五角星是哪儿来的？难道是我记错了？这周勋勋得到了四颗五角星？正在妈妈疑惑的时候，勋勋不慌不忙地从兜里掏出第五颗五角星，嘴里念叨着"五颗"，勋勋把五颗五角星全部摆在了地上，一颗一颗数了一遍，然后才心满意足地把它们装到了衣服兜里。

妈妈想，定是上周老师忘了收勋勋的两颗五角星，那么勋勋……

会撒谎作弊吗？妈妈心里不禁有了这样的想法：如果明天勋勋真的向老师撒谎了，自己该怎么办呢？要当面指出他的错误吗？

一个晚上很快过去了，第二天，妈妈陪着勋勋去上舞蹈课，老师问勋勋："勋勋，你有几颗五角星？"

"五颗。"勋勋有点紧张，开始数他的五角星，"一颗，两颗，三颗，四颗"。数到"四颗"的时候就没有了，"明明有五颗呢"，勋勋一边嘟囔着一边找他的第五颗五角星，找了半天没有找到，妈妈想可能是落在什么地方了。

"没关系，四颗也不错了呢，老师相信你很快就能攒到五颗五角星了。"老师试着安慰勋勋，不过勋勋还是有点失落。

回家后，妈妈拉着勋勋的小手问道："勋勋，你真的有五颗五角星吗？"

"妈妈，我……"勋勋眼神有点闪烁不定，说不出话来。

"妈妈知道你很想得到那套舞蹈服，妈妈理解你，但是我们要做一个诚实的孩子，有就是有，没有就是没有，不能为了得到自己想要的东西就撒谎，你觉得呢？"

勋勋沉默不语。

"其实妈妈小时候也做过这样的事，为了自己想要的东西而撒谎。"

"真的吗？"

"嗯，是啊，有一次……"妈妈开始讲起了自己小时候的事。

最后，妈妈总结说："勋勋，要想得到奖励，就要靠自己的能力去获取，撒谎、作弊只能让自己感到羞愧和害怕，而且也是不诚实的表

现，妈妈希望你是一个诚实的孩子。"

"嗯，妈妈，我知道了，我以后不会再撒谎了。"就这样，勋勋很坦然地承认了自己的错误。

妈妈的释疑站

面对孩子当着大人的面撒谎的情况，很多家长会直接揭穿孩子的谎言，认为这样才能让孩子长记性。不可否认，当面戳穿孩子的谎言能达到教育孩子的目的，但是与此同时也会给孩子带来很深的伤害，尤其对于孩子的自尊心来说是很大的打击。

试想一下，如果案例中的勋勋妈妈当着老师和同学的面揭穿了孩子的谎言，孩子一定会羞愧难当，甚至会产生自卑心理，在舞蹈老师和其他孩子面前抬不起头来。不过庆幸的是，勋勋妈妈并没有这么做，而是事后给予孩子耐心引导，还搬出了自己小时候的例子来教育孩子，可谓是聪慧至极。

妈妈的智慧锦囊

有句古话叫"人前教子，背后教妻"，但是在教育孩子的时候，我们很多时候需要做到的是"人前不教子"，因为孩子也是有面子的，如果在大庭广众之下批评教育他，很可能让孩子无地自容，伤害他的自尊心。反之，如果家长能按捺住自己的冲动，在事后教育孩子，则会取得不错的效果。

也许有的家长会有这样的疑问，难道孩子撒了谎都要等到事后再教育他吗？其实，我们说不要当面揭穿孩子的谎言是有条件的，比如在一些公共场合或是有他人在场的时候，先不要急着指责孩子的撒谎行为，而是应该将事情先放下，等到回家后再慢慢教育孩子，这样做能照顾到孩子的面子，保护孩子的自尊心。但是如果只有自己和孩子在场的时候，无论当时教导还是"秋后算账"，都是可取的教育方式，只要能让孩子认识错误，承认错误并改正错误就可以，不必纠结用什么方式。

以一颗平常心对待孩子的撒谎行为

没有哪个孩子不说谎，如果一个孩子从来不说谎，只可能有两个原因：其一，孩子的心智发展有问题；其二，家长太粗心，连孩子说谎都不能及时发现。无论哪种情况，可能性都是微乎其微。因此，我们可以说，孩子撒谎是其成长过程中的正常现象，家长完全不必过于紧张，只要以一颗平常心对待就可以了。

不会变形的变形金刚

每个孩子的心中都有一个超人梦，不过5岁的飞飞不喜欢超人，他喜欢变形金刚，用他的话解释就是："超人能飞上天，变形金刚也能，超人不会变形，但是变形金刚可以，所以变形金刚更酷！"

在迷上变形金刚的这段日子里，妈妈很少带飞飞去任何购物场所，因为妈妈觉得飞飞的变形金刚玩具已经够多了。今天无奈，飞飞爸爸不在家，妈妈不放心把他一个人丢在家里，只好带着他去超市。

当然，在逛超市的时候，妈妈刻意避开了玩具区。

妈妈买的东西不多，都是零散的小件商品：飞飞的牙刷、飞飞的拖鞋、飞飞的手套……妈妈的辣椒酱、妈妈的套袖、妈妈的洗发露……爸爸的袜子、爸爸的烟灰缸、爸爸的写字笔……

妈妈忙着结账，飞飞玩起了收银台上的玩具——一个不能变形的变形金刚，简单来说就是一个不能掰、不能转动的变形金刚模型。但是妈妈给飞飞买的所有变形金刚都是可以变形的，变成小汽车，变成小飞机，变成小卡车，所以飞飞想当然地转了一下……结果变形金刚的一只腿掉到了地上，飞飞赶紧捡了起来，偷偷看了看收银员阿姨，看了看妈妈，还有身后正在玩手机的叔叔，好像大家都没有发现。飞飞小心翼翼地把弄坏的玩具放好，正好这时妈妈结完了账："飞飞，帮妈妈拿一点，发什么呆。"飞飞赶紧接过一个小的手提袋，跟着妈妈往外走。

没走多远，收银员追了过来，拿着损坏的玩具问飞飞："小朋友，玩具是你弄坏的吗？"

"不，不是我。"飞飞有点慌张，使劲地摇头。

"刚才阿姨看到你玩了呢。"收银员阿姨把证据搬了出来。

"飞飞，是你掰坏的吗？"妈妈蹲下身子问。

飞飞迟疑了一下，红着脸点了点头。

"那接下来该怎么办呢？"妈妈问。

"我……不知道。"飞飞看了看妈妈。

"这样吧，我们把玩具买回家吧。"说着，妈妈带飞飞走回了收银台，付了款，买下了玩具。

"妈妈，我以为您会生气，要骂我呢。"回家的路上，飞飞对妈妈说。

"妈妈不会骂你，因为你刚才的表现很棒。"飞飞不解地看着妈妈，妈妈继续解释说："当收银员阿姨问你的时候，你害怕妈妈会骂你，所以撒了谎，妈妈理解你。但是飞飞很快承认了错误，所以飞飞很勇敢，也很诚实，妈妈觉得你很棒。"

飞飞害羞地点了点头，因为飞飞没想到妈妈不仅没有责怪自己，而且还夸奖了自己。

"不过，妈妈想要告诉你的是，撒谎是不诚实的行为，如果撒了谎，就要勇敢地承认错误，然后我们一起来想办法解决问题，就像今天这样，你觉得呢？"

"嗯，妈妈，我知道了。"飞飞认真地点了点头。

妈妈的释疑站

面对撒谎的孩子，暴跳如雷的家长不在少数，但是像飞飞妈妈这样淡定从容的却很少，她是一位智慧的妈妈，她知道面对撒谎的孩子，大呼小叫解决不了问题，她也知道，心平气和地引导孩子承认错误有多么重要。仅从这两点来讲，就值得我们去学习。

智慧的妈妈面对孩子说谎问题总是从容不迫的，很少被撒谎的孩子激起负面情绪。这其中的关键就是他们拥有一颗平常心，且能用这颗平常心去对待孩子的撒谎行为。

其实，撒谎是孩子成长过程中的非常普遍的现象，而且早期的撒谎行为有助于孩子的智力发育，因为在孩子撒谎的过程中，他们需要用谎言来掩盖事实真相，也需要合理地解释自己的谎言，这时他们的大脑处在飞速运转的状态。因此，当孩子有撒谎的行为的时候，家长不必大惊小怪，也不必惊慌失措，而是应该以一颗平常心来看待。

妈妈的智慧锦囊

面对撒谎的孩子，家长要修炼一颗平常心，那么具体该怎么做呢？

首先，要学会正视孩子的撒谎行为。如果不能正确理解孩子的撒谎行为，只是一味将其视为品质不好的表现，家长很难静下心来和孩子心平气和地沟通。因此，家长可以借助市面上的有关书籍，了解孩子撒谎行为的本质以及产生的原因，对孩子的撒谎行为有一个理性的认识，同时提高自己的修养。

其次，要学会鼓励孩子说实话。很多家长在孩子每次犯错时总是一副凶神恶煞的样子，孩子畏惧家长，十有八九会编造谎言，隐瞒事实。因此，让撒谎的孩子坦白，鼓励的态度比批评的态度更有效。比如蹲下来，认真倾听孩子所说的话，然后说一些理解他的话，最后鼓励他说出实情。

最后，宽容对待，和孩子一起解决问题。当孩子撒谎后，内心是很愧疚、很自责的，这时我们就不要再去指责孩子的行为，而是应该在力所能及的范围内，尽量去帮助孩子，和孩子一起解决问题。比如

问孩子一些诸如"现在我们怎么办""妈妈和你一起想，好不好""我们怎么解决这个难题呢"等等之类的问题。然后给予孩子指导和启迪，并告诉他以后如何避免再犯类似的错误。

总之，撒谎是每个孩子成长过程中都会遇到的问题，处理这一问题最好的态度是不要过于紧张，也不能过于纵容，同时要理智而平静地对待，即保持一颗平常心。

附录

孩子说谎后，妈妈不应该说的五句话

一句话的力量究竟有多大？俗话说"良言一句三冬暖，恶语伤人六月寒"，家长不经意的一句话很可能在孩子的心中留下不可磨灭的印象。因此，当孩子撒谎后，有些话家长最好不要说，否则只会引起孩子的逆反心理，对孩子的稚嫩的心灵造成伤害。以下五句话，在孩子撒谎后家长最好不要说。

1. "住嘴，犯了错还狡辩？"

撒谎后的孩子，面对你的批评与指责很可能会进行申辩与解释，而你觉得孩子是在找借口，或是根本没耐心听他说，就会大喝一声："住嘴，犯了错还狡辩？"你能想象这个时候的孩子有多么委屈吗？也许他真的有难以言说的理由呢。

如果经常喝令孩子"住嘴"，不给孩子解释的机会，将会给孩子造成以下影响：首先，孩子会渐渐放弃为自己辩解的权利，因为他知道你根本不听他的解释，长此以往，孩子身上背负的委屈会越来越多，然而这些委屈无处发泄，只能一个人默默承受，由此造成自闭、孤僻等心理问题。其次，如果孩子总是被"住嘴"二字打断话头，会引起孩子强烈的反抗心理，时间久了，亲子交流势必会出现问题。

其实，听孩子把话说完不会浪费你多少时间，而你也会因此得到一个了解孩子的机会，因此，当孩子为自己的撒谎行为辩解的时候，不要急着说："住嘴，犯了错还狡辩？"而是应该给他一些时间，让他去陈述。如果孩子的理解有偏差，就去纠正他；如果他的看法片面，你可以去补充；如果孩子的解释合理，你要肯定他。这样，孩子就会在辩解中意识到自己的对与错，判断力和思维能力才会不断得到提高。

2."等你爸回来，看他怎么收拾你！"

在大多数孩子心中，对父母的印象大都可以概括为这四个字——严父慈母。确实，在很多家庭中，家长都喜欢一个唱红脸，一个唱白脸，觉得这样软硬兼施的教育方式效果很好，于是我们经常看到，当孩子撒谎后，妈妈生气地说："等爸爸回来，看他怎么收拾你！"

妈妈这样做看似是在帮助爸爸树立权威，其实与此同时也会丢掉自己的威严，而一旦爸爸不在场，作为妈妈，很难再管住自己的孩子，这相当于妈妈放弃了约束孩子的权利。而且还有一个弊端，孩子会因为你的话更加讨厌你，因为在孩子看来，你是在打小报告。

而对于孩子来说，这句话会让他恐慌不已，他可能会一直担心爸爸回来后会对他采取什么措施，而对于自己的错误，他根本没有时间去想。这样对于孩子错误的改正根本没有任何帮助。

因此，当孩子撒谎后，即使再生气，妈妈也不要说类似这样的话语，以免丢掉自己的威严，失去约束孩子的效力。

3. "如果你下次再说谎……"

孩子撒了谎，家长一段批评教育过后，往往会加上这样一句警告性的话语："如果你下次再说谎……"而事实上，很多孩子并不会把它当成是一种警告，而是视为一种挑战，于是在逆反心理的作用下，孩子还会接二连三地撒谎。

这句话的初衷是希望孩子不要再撒谎，但是即将读完本书的你已经意识到，让孩子不再撒谎是不可能的事。而且，孩子正是在一次次撒谎、一次次犯错中成长起来的。因此，不要再说什么"下次再撒谎就打你""如果下次再撒谎就收拾你"之类的话语，相反，你可以用"妈妈希望你下次不要再说谎""妈妈相信你会是个诚实的孩子"这样的话语结束你与孩子的谈话。

4. "这么大了还说谎，有没有点自尊心？"

人在生气时往往口无遮拦，而且越是焦躁、激动，说出的话越伤人心。如果你的孩子在你面前撒谎，眼睛都不眨一下，你气急了，就可能会爆出这样一句话："这么大了还说谎，有没有点自尊心？"

撒谎的孩子没有自尊心吗？当然是有的，其实孩子在3岁左右，其自尊感就已经开始产生，不管孩子撒谎不撒谎，其自尊感都是存在的，并且随着年龄的增长，孩子的自尊感会越来越强。而且孩子的自尊心是促使其成长的精神支柱，是其不断向上的基石，是其自我发展的不竭动力，如果孩子的自尊心受到伤害，想要重建是非常困难的，正如美国儿童心理学家詹姆斯·杜布森博士所说："有千百种方法可以让孩子失去自尊心，但重建自尊心却是一个缓慢而困难的过程。"

因此，当孩子撒谎时，千万不要因为一时之气对孩子说"有没有自尊心"之类的话，这样看似是在提醒教育孩子要懂得自尊、知错能改，实则会伤害孩子的自尊心。

5. "再顶嘴，看我不打你！"

很多家长都十分厌烦孩子的顶嘴行为，尤其是孩子撒谎还不承认的时候，家长往往会感觉怒从心生，火气一下子上来了，对孩子喝道："再顶嘴，看我不打你！"可想而知，在这样愤怒的状况下管教孩子会是什么样的结果。

那么，为什么家长会对孩子的顶嘴行为这样敏感呢？在很多家长看来，孩子顶嘴，就是在向自己的权威挑战，而这是大多数家长都不能容忍的。其实孩子顶嘴的目的不是要挑战家长的权威，把家长压下去，而是想为自己辩解，或是想让大人改变对自己或对事情的看法。

而且，就孩子顶嘴这一行为来说，并不能一棒子打死，将其归为不好的品质，相反，孩子的顶嘴行为中包含了很多积极的因素，比如有个性、积极、有主见等等。由此可见，顶嘴的孩子也并非是坏孩子。

因此，如果孩子在撒谎后有顶嘴的行为，家长尽量不要说"再顶嘴，看我不打你"之类的话，而要控制好自己的情绪，给孩子解释的机会，尽量将激化矛盾的顶嘴转化为讨论，引导孩子分析问题，在讨论中明辨是非。